Richard Grebler

Holz-Modellbahn
selberbauen

Richard Grebler

Holz-Modellbahn
selberbauen

Lok und Waggons für Baugröße 1
Pläne · Bauanleitungen · Schritt-für-Schritt-Fotos

Augustus Verlag Augsburg

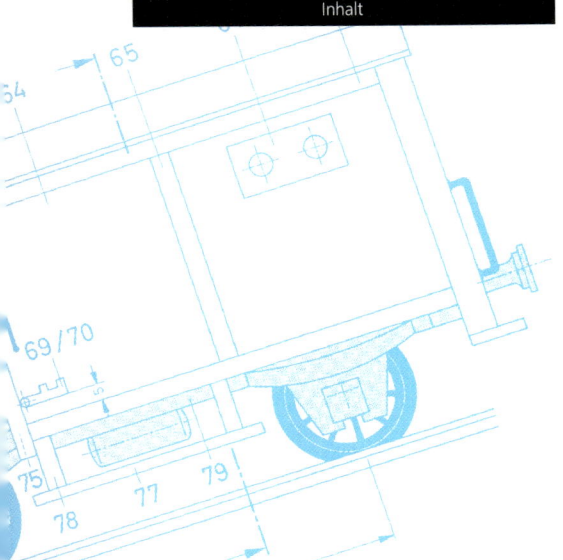

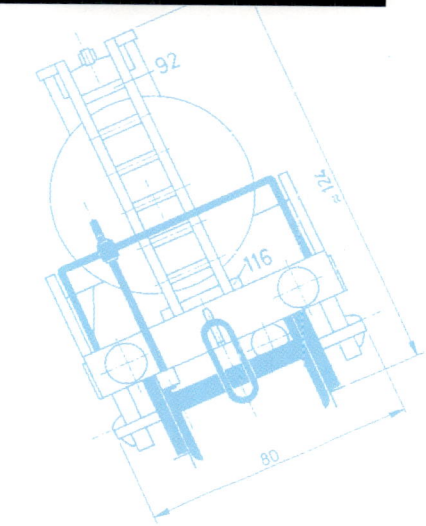

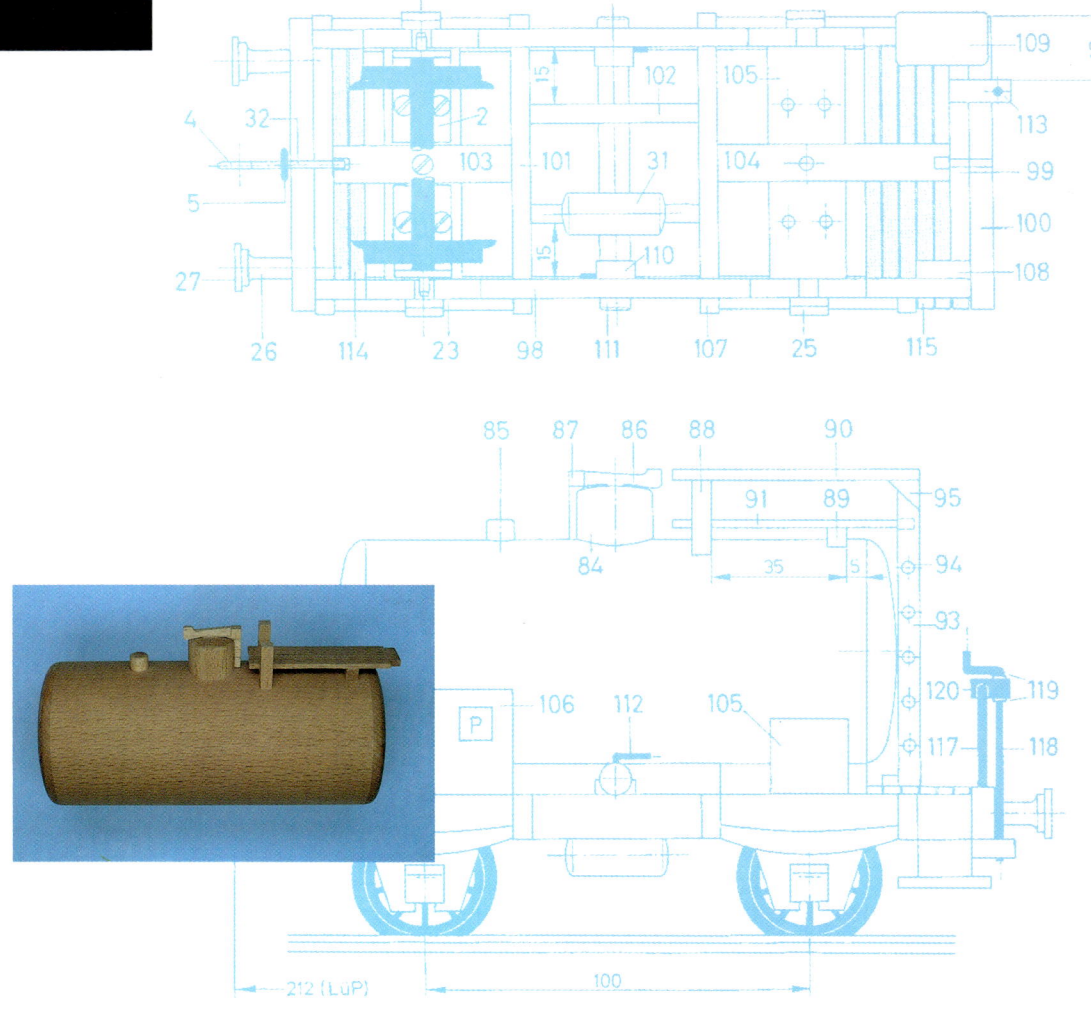

Eine betriebsfähige Holzspielbahn aus der Heimwerkstatt

Was kann einen modellbahnbegeisterten und "ausgewachsenen" Techniker dazu bewegen, sich plötzlich mit Holzspielbahnen zu beschäftigen? Reiner Übermut oder am Ende gar Rache an der High-Tech-Gesellschaft unter den Modellbahnern? Nun – ich will's Ihnen sagen: Dieses Buch soll allen bastelfreudigen Eltern gewidmet sein, die ihren Söhnen und Töchtern das Eisenbahnspiel noch nachhaltiger und erlebnisreicher vermitteln wollen, als dies mit so mancher tollen, fertig gekauften HO-Anlage möglich sein kann. Eltern, die womöglich selbst einen Riesenspaß daran finden, zusammen mit ihren Kindern (oder nach deren Wünschen) die ganz persönliche Eisenbahn eigenhändig und von Grund auf entstehen zu lassen, ohne gleich über die Einrichtungen bzw. Fertigkeiten eines Modellbauers verfügen zu müssen. Auch Lehrerinnen und Lehrer, die vielleicht nach einer geeigneten Vorlage für den Werkunterricht in ihrer Klasse suchen, sind herzlich zum Mitmachen eingeladen! Handwerklich gefertigte Holzspielbahnen

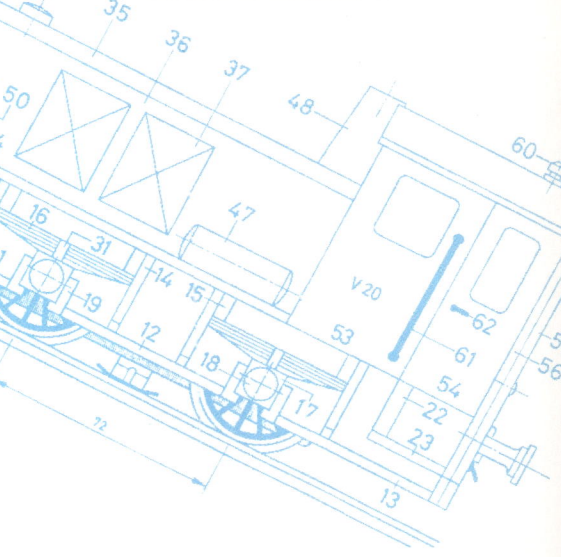

sind für mich darüber hinaus so etwas wie ein Stück Spielzeugkultur, die man nicht nur bewahren, sondern auch zeitgemäß beleben kann. Die "zeitgemäße" Holzspielbahn sollte für's Kinderzimmer ebenso geeignet sein wie für den "Schönwetterbetrieb" im Freien. Ausführung und Gestalt müssen mühelos den Bezug zur "echten" Bahn erkennen lassen – also keine "Märchenbuchschöpfungen", sondern schon ein wenig Modellcharakter. Holzspielbahnen, die diesem Anspruch genügen und sich darüber hinaus auch noch aus eigener Kraft bewegen, wollen natürlich – wie andere größere Bastelprojekte auch – sorgfältig geplant und ausgeführt sein; doch was wiegt am Ende schon die Mühe, im Vergleich zum gemeinsamen Bastelspaß und dem Erlebnis, wenn die "Selbstgebaute" ihre erste Runde dreht und zum Spielhit der ganzen Familie wird!

Wie immer: zuerst die Maßstabsfrage

Selbstverständlich muß man bei allen Betrachtungen über Baugröße und Spurweite anderen Kriterien folgen, als sie für die Planung einer Modellbahn im herkömmlichen Sinn gelten. Stabilität und Handlichkeit stehen dabei – wie eigentlich bei allem Spielzeug – an vorderster Stelle. Auch sollte das Aufgleisen und Beladen auf keinen Fall zur Geduldsprobe geraten. Selbst wenn man nur diese wenigen Forderungen erfüllen will, geht in Holzbauweise unterhalb der Baugröße 1 so gut wie gar nichts. Wird weiterhin beachtet, daß der Erbauer ja meist auf handelsübliches, stabiles und womöglich freilandtaugliches Gleismaterial zurückgreifen will, so ist die Entscheidung für den Baumaßstab 1:32

(oder wenigstens 45-mm-Spur) fast schon von selbst gefallen. Wer sich nicht gerade in den Kopf gesetzt hat, einen der modernen, 26,5 m langen Reisezugwagen nachzubauen, sondern statt dessen kurze Fahrzeuge aus vergangenen Epochen zum Vorbild nimmt, kommt mit durchaus erträglichen Verkürzungen aus, ohne daß die Illusion einer "richtigen Eisenbahn" verloren geht. In Baugröße 2 m sind die Verhältnisse dagegen schon ein wenig kritischer: Wenn Länge und Gewicht nicht übermäßig zunehmen sollen, muß man Wägelchen bauen, denen infolge ihrer ungewöhnlichen Proportionen so eine Art "Gartenzwerg-Romantik" anhaftet. Nichtsdestoweniger kann dieser Effekt von dem einen oder anderen gerade erwünscht sein, so daß die Maßstabsfrage letztendlich individuell entschieden werden sollte. Für die Planung der hier vorgestellten Holzspielbahn wurden Vollspurfahrzeuge Maßstab 1:32 als Referenz herangezogen. Tatsächlich darf dieser Wert nur als ganz grobe Bezugsgröße verstanden werden, die einzig und allein den Zweck hat, die Proportionen in etwa "stimmig" festzulegen. Eine Holzspielbahn mißt ja zum Glück kein Mensch mit der Schieblehre nach – hier kann man die bastlerische Freiheit eben noch genießen!

Das passende Gleismaterial

Radsätze und Schienen müssen selbstverständlich aufeinander abgestimmt sein, so daß die Entscheidung für das Sortiment der Firmen LGB bzw. Playmobil schon gefallen ist. Einschränkend wäre noch anzumerken, daß auf den jeweils kleinsten Gleisradius nach Möglichkeit verzichtet werden sollte.

Empfohlene Werkzeuge

- Zweigang-Bohrmaschine, Rechts-/Linkslauf, einstellbare Drehzahl, mit folgendem Zubehör: Tischständer, Horizontalhalterung und Maschinenschraubstock
- Satz Spiralbohrer HSS, 1 bis 10 mm, in 0,5 mm-Stufen
- Weitere Spiralbohrer: 2,1 mm, 3.05 mm, 3,2 mm
- Holzbohrer mit Zentrierspitze: 5 mm, 6 mm, 8 mm, 10 mm
- Gewindebohrer 3 mm
- Stahllineal ca. 300 mm
- Anschlagwinkel ca. 150 mm
- Reißnadel
- Körner
- Vorstecher
- Pendelhub-Stichsäge mit Sägetisch, für stationären Betrieb
- Gehrungssäge (ersatzweise: Feinsäge mit Gehrungslade)
- Metall-Bügelsäge
- Laubsägebogen mit einem Sortiment Sägeblätter für Holz und Metall
- Parallelspannvorrichtung
- Parallelschraubstock, ca. 60 mm
- 4 Schraubzwingen ca. 60 x 250 mm
- 4 Federzwingen, kleine Ausführung
- Tellerschleifer 180 bis 250 mm
- Schleifzylinder für Bohrmaschine, ca. 100 mm Ø
- Schleifpapierbogen in den Körnungen 120 und 240
- Halbrundfeile Hieb 2
- Satz Schlüsselfeilen
- Nadelfeile rund
- Holzraspel halbrund Hieb 2
- Holzraspel 4 mm Ø (sog. Nadelraspel)
- Schraubendreher 4 mm
- Lötkolben ca. 30 Watt

Als Startprojekt: ein offener Güterwagen

Baugruppe A Laufwerk

Holzspielbahnen, die auch auf richtigen Schienen betrieben werden können, brauchen ein stabiles, verwindungssteifes Laufwerk, das am besten vom übrigen Aufbau funktionell vollständig entkoppelt wird. Das Prinzip ist einfach: Radsätze, Radlagerwinkel und die Metallträgerplatte bilden eine selbständige, stabile Konstruktionseinheit (Bild 4), die von den äußeren, hölzernen Rahmenteilen umschlossen und weitgehend verdeckt wird. Dieses Laufgestell ist lediglich eingelegt und wird von dem Unterboden mit seinen beiden Querträgern (Teile 28 und 29) lose in der vorbestimmten Lage gehalten. Auf diese Weise sind die störenden Auswirkungen von Holzschwund und Verzug auf das Laufwerk wirksam unterbunden, ohne daß die "artfremden" Werkstoffe äußerlich störend in Erscheinung treten. Die Lagerwinkel sind zu Wartungszwecken bzw. für den Radsatztausch auch am fertigen Fahrzeug jederzeit wieder abnehmbar. Um den Nachbau möglichst rationell und unkompliziert zu halten (ein positiver Effekt der eigenen Bequemlichkeit!), habe ich Form und Abmessungen der Fahrwerksteile weitgehend vereinheitlicht. Spielraum wurde lediglich bei einigen Längenmaßen gelassen, damit z.B. der Achsstand oder die Länge über Puffer dem jeweiligen Fahrzeugtyp besser angepaßt werden können.

Teil 1 Grundplatte

Einfache Rechteckbleche läßt man am zweckmäßigsten in einer Metall- bauwerkstatt oder von einem gut ausgerüsteten Spengler zuschneiden. Wer nur wenige Teile benötigt oder vielleicht kostenloses Abfallmaterial verwerten will, kann natürlich auch zur Metallbügelsäge greifen. Für das Ergebnis ist letztlich nur entscheidend, daß die Platten rechtwinklig, maßhaltig und verzugsfrei sind. Aluminium läßt sich relativ leicht zerspanen, gesägte Kanten müssen allerdings nachgefeilt und abgezogen werden. Letztgenannter Arbeitsgang empfiehlt sich übrigens auch bei abgescherten Blechen. Das Werkstück wird dabei einfach hochkant ein paarmal über einen aufgespannten Schleifpapierbogen gezogen (nicht schaukeln!). Bevor die acht Befestigungslöcher für die Achslagerwinkel gebohrt werden, muß man sich entweder für Gewinde oder Duchgangsbohrungen entscheiden. Ich möchte selbst Ungeübten eher zum Gewinde raten, weil dessen Herstellung mit den heute preiswert erhältlichen Einschnittbohrern wirklich kein Problem mehr ist. Nachdem mit Ø 2,45 oder 2,5 vorgebohrt wurde, kann das Gewindeschneidewerkzeug in einem Zug eingedreht werden. Man braucht dazu nicht einmal einen eigenen Halter; kleine Gewindebohrer lassen sich ebensogut in ein normales Bohrfutter spannen.

Zwei Tips aus der Praxis:
Anreißspuren auf der glatten Blechoberfläche lassen sich vermeiden, wenn man an den betreffenden Stellen Haftetiketten aufklebt und darauf mit einem Bleistift das Körnerkreuz anzeichnet.
Vor dem Zurückdrehen des Gewin-

Bild 1 Komplette Einzelteile der Baugruppe A, zur Montage bereitgelegt. Die gleichfalls mit abgebildeten Kupplungsteile werden erst später benötigt.

Bild 2 Offener Güterwagen mit aufgehäufter Ladung. Alle Holzoberflächen sind hier naturbelassen und nur durch einen farblosen Mattlacküberzug geschützt.

debohrers die anhängenden Späne unterhalb der Platte mit einem kräftigen Pinsel entfernen!

Nachdem Ein- und Austrittsstellen der Gewinde von etwaigen Gratresten befreit wurden, sollte man die ganze Platte noch im Naßverfahren mit Scheuerpulver und Bürste bearbeiten. Dabei verschwinden alle leichteren Kratzspuren und die Oberfläche wird griffig genug, um später problemlos lackiert werden zu können. Dieses Verfahren ist zumindest für einen Bastler einfacher und auf alle Fälle auch umweltschonender, als das bei Aluminiumblechen häufig angewandte Beizen.

Teil 2 Achslagerwinkel

Wie aus der Materialliste ersichtlich, entstehen die Achslager aus einem gleichschenkligen Winkelprofil, wodurch das leidige Biegeproblem umgangen wird. Da es bei diesen Teilen neben der Rechtwinkligkeit vor allem auf den präzisen Sitz der Achslagerbohrungen ankommt, empfehle ich Ihnen, sich an nachstehend vorgeschlagene Bearbeitungsreihenfolge zu halten.

● Auf einem entsprechend langen Profilstück die Schnittkanten aller Winkel, unter Berücksichtigung der Breite des Sägeblattes, anreißen.

● Die Lage der Befestigungs- und Lagerbohrungen anreißen und ankörnen. Eine durchgehende, waagrechte Rißlinie über die ganze Profillänge garantiert die gleichmäßige Höhenlage aller Lagerbohrungen.

● Exakt runde und senkrechte Lagerbohrungen lassen sich unter Zu

hilfenahme eines stabilen Bohrständers samt passendem Maschinenschraubstock herstellen. Wenn man die Lagerstelle mit 2,5 mm vorbohrt, bleibt die Möglichkeit, geringfügig verlaufene Bohrungen durch Auffeilen in der Gegenrichtung wieder exakt zu zentrieren, sofern man natürlich unterhalb des Enddurchmessers bleibt. Bei hoher Maschinendrehzahl und ganz langsamen Vorschub werden die Lagerbohrungen nun auf das Endmaß gebracht. Im allgemeinen kommt man mit einem 3-mm-Spiralbohrer gut zurecht, da durch den nie ganz vermeidbaren Schlag automatisch die erforderliche Lagerluft entsteht. Den aufgeworfenen Bohrgrat keinesfalls mit senkenden Werkzeugen entfernen, sondern ganz flach abfeilen, damit

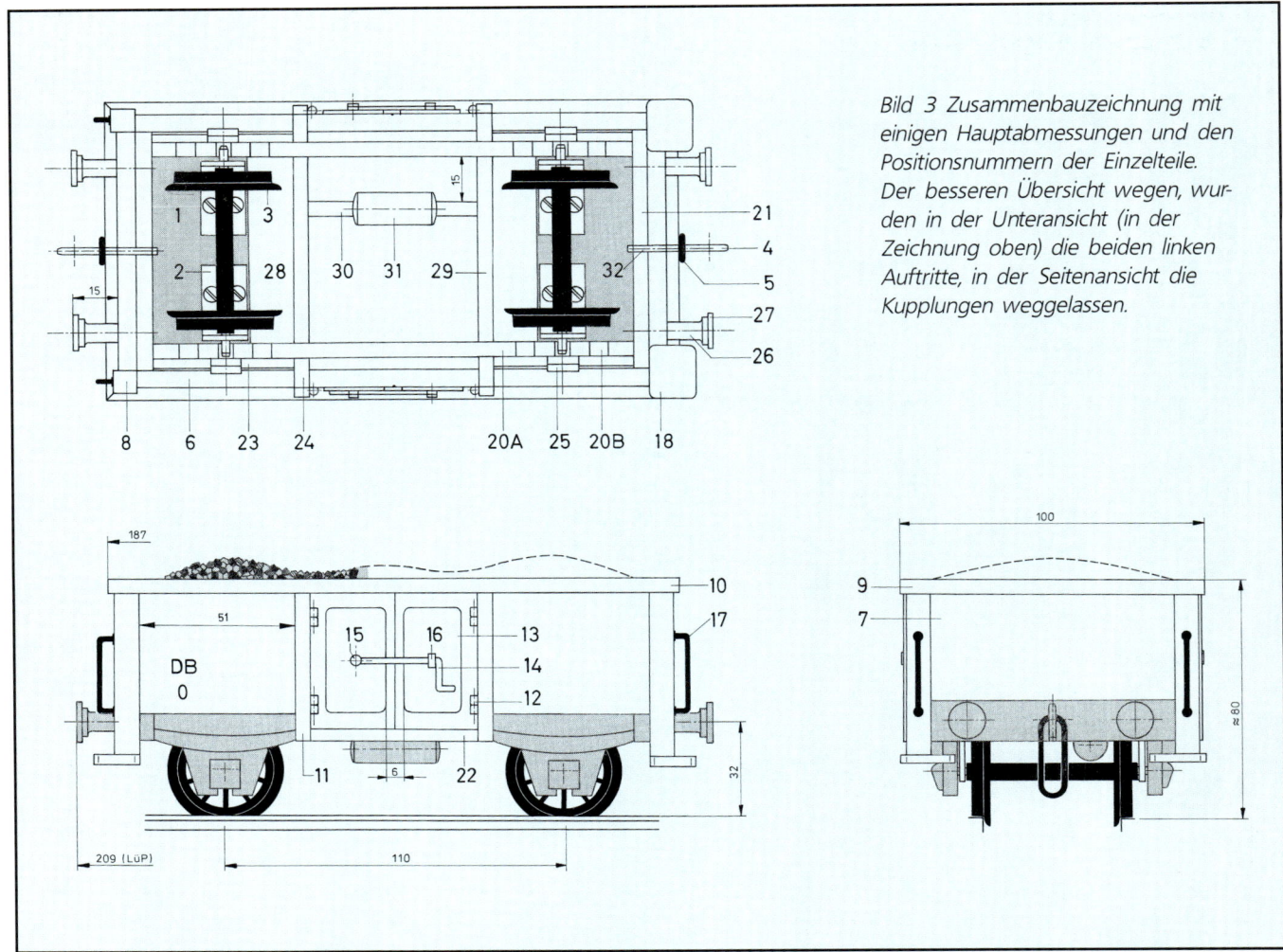

Bild 3 Zusammenbauzeichnung mit einigen Hauptabmessungen und den Positionsnummern der Einzelteile. Der besseren Übersicht wegen, wurden in der Unteransicht (in der Zeichnung oben) die beiden linken Auftritte, in der Seitenansicht die Kupplungen weggelassen.

die Führungslänge der Lagerstelle voll erhalten bleibt. Wer sich ohnehin für diese Arbeit einen neuen Spiralbohrer zulegen will, sollte allerdings gleich einen mit 3,05 mm kaufen (eher in Fachgeschäften als in Heimwerkerläden erhältlich).

● Erst jetzt die einzelnen Winkel vom Stück trennen. Damit die Säge gleich richtig greift, ist es hilfreich, vorher alle Anschnittstellen mit der Schmalseite einer passenden Schlüsselfeile gut zu markieren. Üblicherweise ist die Metallbügelsäge das Werkzeug der Wahl; wer auf maschineller Unterstützung besteht, kann es auch mit der Stichsäge

Teileliste für den offenen Güterwagen
(O-Wagen)
Baugruppe A Laufwerk

Teile-Nr.	Stück-zahl	Bezeichnung	Material- und Maßhinweise
1	1	Grundplatte	2mm Alublech Maß a = 156; Maß b = 110
2	4	Achslagerwinkel	Winkelprofil 25 x 25 x 2 Stahl oder Messing
3	2	Radsatz	Playmobil Nr. 7553
4	2	Zughaken	2 mm Messing- oder Stahlblech
5	2	Kupplungsbügel (Öse)	Kettenglied, Stahl, ca. 25 mm lang, schmale Ausführung
-	8	Zylinderschraube	M 3 x 4 (oder 3 x 5 mit Beilagscheiben)

Fortsetzung Seite 11

Bild 4 Das Laufwerk in einbaufertigem Zustand.

Fortsetzung von Seite 10
Baugruppe B Wagenkasten

Teile-Nr.	Stück-zahl	Bezeichnung	Material- und Maßhinweise
6	2	Seitenwand	6 mm Sperrholz oder Massivholz
7	2	Stirnwand mit Pufferbohle	6 mm Sperrholz oder Massivholz
8	4	Eckpfosten	8 mm Massivholz bzw. Leiste 8 x 8
9	2	Quergurt	5 mm Massivholz bzw. Leiste 5 x 10
10	2	Längsgurt	5 mm Massivholz bzw. Leiste 5 x 10
11	4	Türholm	3 mm Massivholz bzw. Leiste 3 x 5
12	8	Türscharnier	3 mm Rundholz
13	4	Türsicke	1,5 mm Massivholz (Furnierholz)
14	2	Verschlußstange	2 mm Massivholz
15	2	Bolzenattrappe	1mm Massivholz (Furnierholz)
16	2	Verschlußlager	1 mm Massivholz (Furnierholz)
17	4	Griffbügel	1,5 bis 2 mm Messing- oder Stahldraht
18	4	Auftritt	3 mm Massivholz

Baugruppe C Chassis

Teile-Nr.	Stück-zahl	Bezeichnung	Material- und Maßhinweise
19	1	Bodenplatte	3 mm Sperrholz, Maß c = 167
20 A	2	Seitenwange	5 mm Massivholz, Maß d = 157; Maß e = 110
20 B	4	Achslager	5 mm Massivholz
21	2	Stirnseite	5 mm Massivholz, Maß g = 80 (zusammen mit Teil 7 bearbeitet)
22	2	Schürze	4 mm Massivholz oder Sperrholz, Maß h = 55
23	4	Federpaket	3 mm Massivholz oder Sperrholz
24	4	Stütze	5 mm Massivholz
25	4	Lagergehäuse	5 mm Massivholz
26	4	Puffer	10 mm Rundholz
27	4	Pufferteller	2 mm Massivholz
28	1	Unterboden	3 mm Sperrholz, Maß f = 94
29	2	Querträger	5 mm Massivholz
30	1	Längsträger	5 mm Massivholz
31	1	Luftbehälter	Rundholz
32	2	Sicherungsleiste	2 mm Vierkantholz

● Alle Schnittkanten mit der Flachfeile begradigen und entgraten. Kleine Abweichungen der Außenmaße kann man ruhig tolerieren, sie wirken sich nicht nachteilig aus. Zur Vorbereitung auf eine spätere Oberflächenbehandlung empfiehlt es sich, die Winkel allseitig noch mit feinem Schmirgelleinen zu säubern.

Probemontage des Laufwerks

Die bereitgelegten Teile können nun, nach einem Blick auf die Bilder 4 und 5, problemlos zusammengesetzt werden. Durch leichtes Verdrehen bzw. Verschieben der Lagerwinkel innerhalb des vorgegebenen Spielraums, lassen sich die Radsätze in aller Regel verkantungsfrei einstellen. Sollte sich herausstellen, daß die Lagerbohrungen zu eng sind, kann man vorsichtig mit einer runden Nadelfeile nachhelfen (Feile, wenn möglich, durch beide gegenüberliegenden Bohrungen stecken und leicht entgegen dem Uhrzeigersinn drehen). Wer eine passende Reibahle zur Verfügung hat, wird natürlich damit arbeiten! Bei der Befestigungsvariante mit Durchgangsschrauben und Muttern (auf Bild 5 zu sehen) muß während der späteren Endmontage unter jeden Senkkopf etwas Metallkleber gegeben werden, weil sich sonst bei nachträglichem Lösen der Muttern die Schraubenköpfe auf der unzugänglichen Rückseite mitdrehen können. Damit sind die "Schlosserarbeiten" zunächst ausgestanden

samt geeignetem Sägeblatt versuchen. Wegen der beträchtlichen Vibration muß das Profil allerdings sehr kurz (knapp neben der Schnittstelle) im Schraubstock festgeklemmt sein. Um nicht dauernd umspannen zu müssen, sägt man in diesem Fall erst alle Schlitze des einen Profilschenkels, bevor die Schiene gewendet wird. Die Ecken muß man trotzdem von Hand trennen, sonst wird's zu gefährlich.

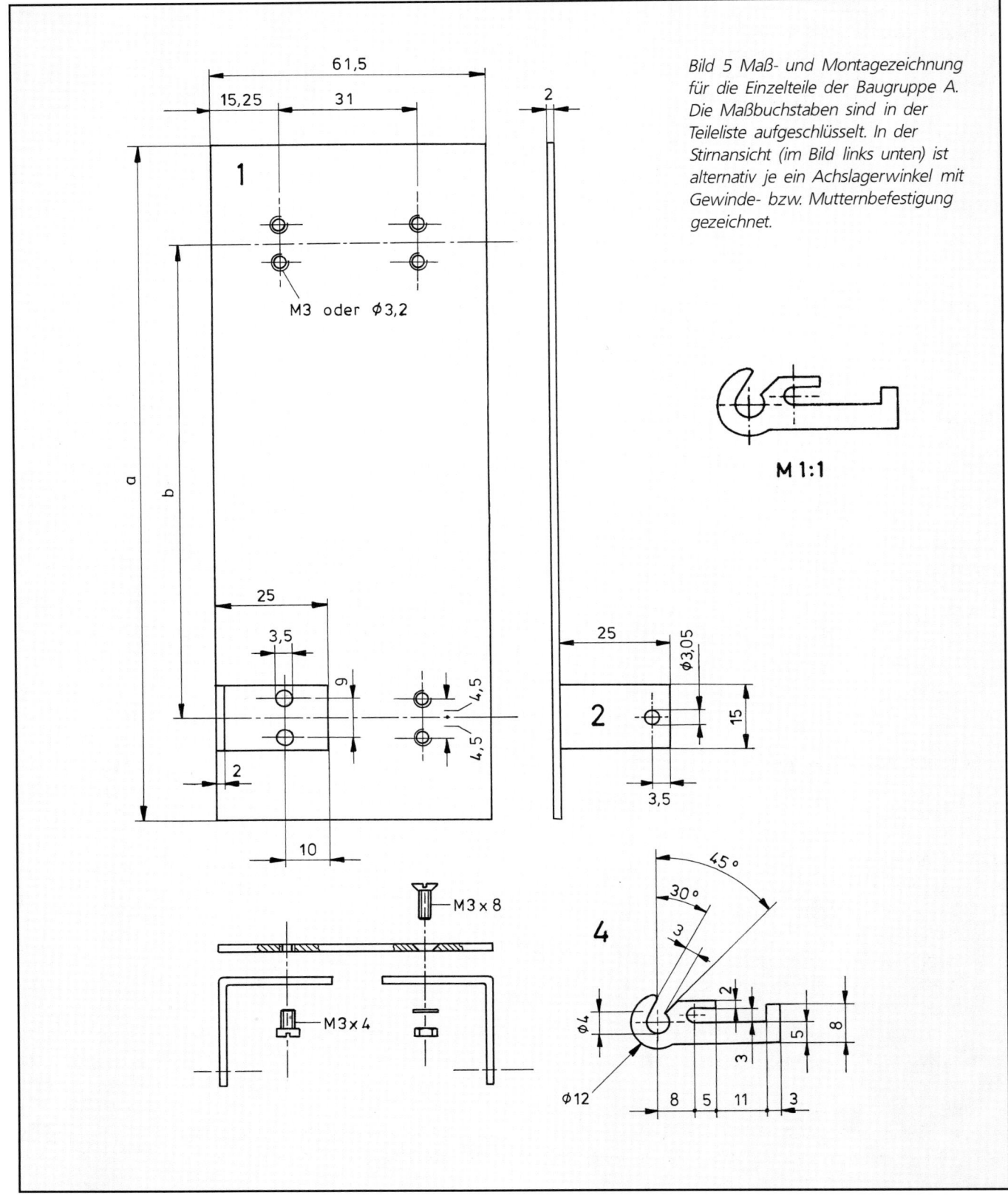

Bild 5 Maß- und Montagezeichnung für die Einzelteile der Baugruppe A. Die Maßbuchstaben sind in der Teileliste aufgeschlüsselt. In der Stirnansicht (im Bild links unten) ist alternativ je ein Achslagerwinkel mit Gewinde- bzw. Mutternbefestigung gezeichnet.

(Kupplung und Griffbügel folgen noch!), so daß wir uns endlich mit der eigentlichen Materie – nämlich der Holzbauweise – beschäftigen können. Damit Sie später nicht sagen können, "Das hätte ich vorher wissen sollen": Für die nächsten beiden Wagen wird das gleiche Chassis benötigt!

Baugruppe B
Wagenkasten

Folgerichtig wäre als Anschlußarbeit zwar jetzt das Chassis an der Reihe, aus Gründen der maßlichen Abstimmung lassen wir die Baugruppe A aber vorerst noch unbekleidet stehen. Es ist nämlich wesentlich unproblematischer, die Rahmenteile an den fertigen Wagenkasten anzupassen, als umgekehrt. Den Begriff "Wagenkasten" darf man im übrigen nicht allzu eng sehen, weil der Boden aus konstruktiven Gründen zu einer anderen Baugruppe genommen wurde.

Material und Werkzeuge

Wir sind jetzt an der Stelle angelangt, wo so mancher fragen wird: Welche Werkzeuge werden benötigt, und wo soll das Material beschafft werden? Letztere Frage war für mich gelöst, als ich aus dem Möbelsperrmüll einige gut erhaltene Schreibtischschubladen und -auszüge aus Buchenholz mit nach Hause geschleppt und zerlegt hatte. Solche "Einkaufsquellen" ausfindig zu machen lohnt sich in jedem Fall - verwertetes Altmaterial belastet weder den Geldbeutel noch die Umwelt, und es ist nicht selten hochwertiger als Neuware vom Bau-

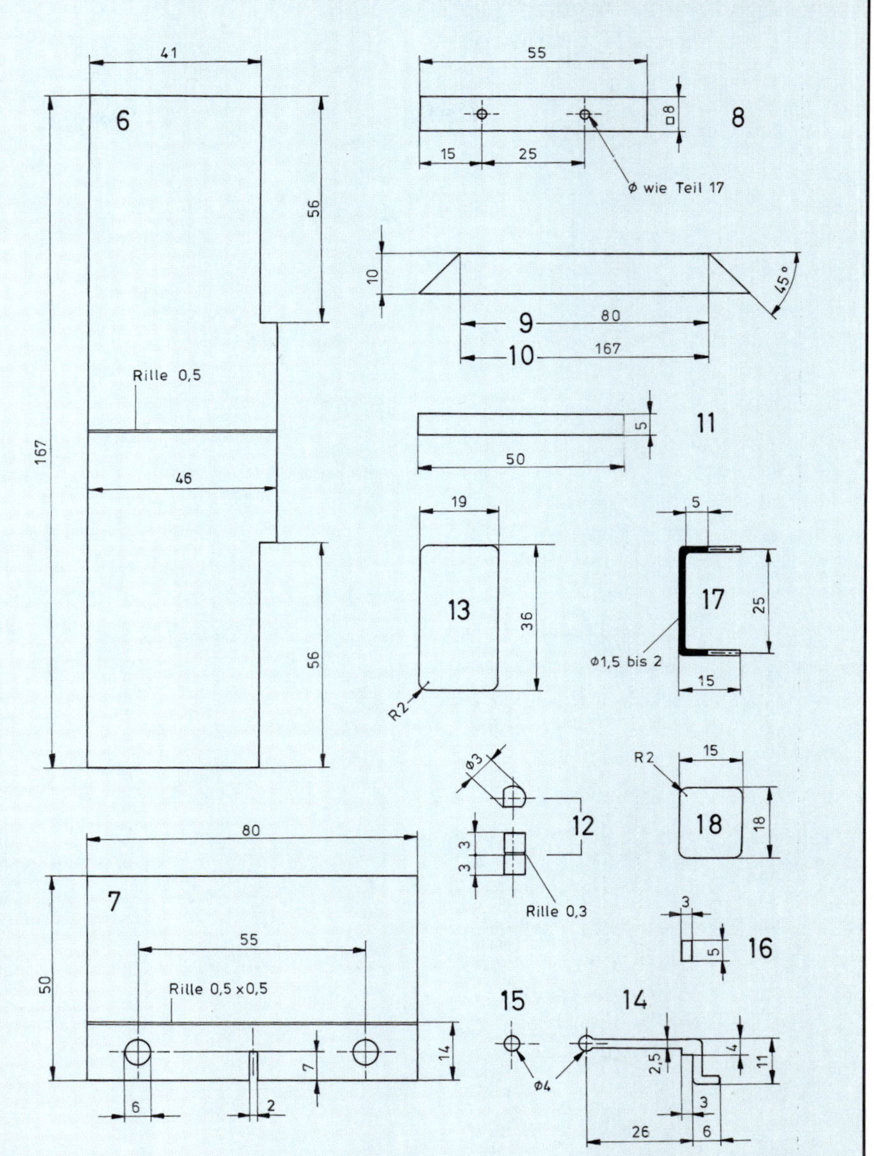

Bild 6 Die Einzelteile der Baugruppe B. Die dritte Dimension (also die Materialdicke) geht jeweils aus der Stückliste hervor. Wo es die Übersicht erfordert, sind die Teile selbstverständlich in mehreren Ansichten bzw. vergrößert dargestellt (hier z.B. Teil 12).

markt! Natürlich ist es nicht jedermanns Sache, sich jedes Leistenformat selbst zuzuschneiden, weshalb der Gang ins Modellbaufachgeschäft oder zum Schreiner, evtl. auch zum Baumarkt, als Alternative bleibt. Leisten und Sperrholz aus einer einzigen Hartholzsorte zu bekommen (in meinem Fall, wie gesagt, Buchenholz), ist nicht immer ganz einfach. Aber das weitverbreitete Raminholz, in Form von massiven Leisten und Brettern, läßt sich z.B. recht gut mit handelsüblichem

13

Limbasperrholz kombinieren – man muß halt ein bißchen rumschauen!

Nun zum Werkzeug:
Fur hochgenaue Schnittkanten in Hobelqualität verwende ich fast ausschließlich eine "ganz normale" Stichsäge mit Sägetisch. Einige Ausstattungsmerkmale – nebst guter Qualität, versteht sich – sind allerdings schon Bedingung.
● Säge mit abschaltbarem Pendelhub, variabler Hubzahl, Stützrolle und einem Massenausgleich für vibrationsarmen Lauf.
● Hinterschliffenes Sägeblatt, mit der feinsten, handelsüblichen Zahnteilung (also kein geschränktes Blatt).
● Sägetisch mit verstellbarem Parallel- und Längsanschlag sowie einem rollenbestückten Führungsarm, der das freie Ende des Blattes seitlich stützt.
Beim Sägen von Sperrholz (mit der Maschine erst ab etwa 3 mm sinnvoll) wird der Pendelhub abgeschaltet und eine mittlere Hubzahl eingestellt. Für Längsschnitte in Massivholz (z.B. Anfertigung von Leisten) nimmt man die kleinste Pendelstufe und eine eher geringe Hubzahl. Damit wird die Wucht eines möglichen Rückschlags erheblich reduziert, was letztlich der Sicherheit dient und unnötigen Ausschuß vermeiden hilft.
Als Zusatzgerät zur Bohrmaschine oder als nicht zu winziges Einzelgerät leisten Tellerschleifer, besonders beim Nacharbeiten von Außenkanten, gute Dienste. Wer noch nie mit einem solchen Werkzeug gearbeitet hat, sollte möglichst vorher ein paar Übungen machen, um dessen Eigenheiten kennenzulernen. Prinzipbedingt ist die Umfangsgeschwindigkeit der äußeren Schleifkörper wesentlich größer als die der zentrumsnahen, so daß zwangsläu-

fig am Rand ein schnellerer Abtrag entsteht. Bei filzunterlegten Schleifblättern (Klettbefestigung) können durch die Nachgiebigkeit der Schleifebene noch zusätzliche Unregelmäßigkeiten entstehen, Planscheiben mit selbstklebenden Schleifblättern vermeiden zumindest diesen Nachteil.

Arbeitsregel:
Nur ganz geringen Druck ausüben; längere Werkstücke während des Schleifvorgangs ständig verschieben.

Bandschleifer mit entsprechendem Zubehör für stationären, senkrechten Betrieb verhalten sich aufgrund ihrer linearen Schleifbewegung etwas günstiger; als Nachteil kann die meist zu geringe Bandbreite beim Querschleifen aufgeführt werden. Auf weitere Hilfsmittel, soweit sie für das Arbeitsergebnis von Bedeutung sind und nicht nur zur Standardausrüstung einer Heimwerkstatt gehören, möchte ich von Fall zu Fall eingehen. Bevor sich nun die Säge ins Holz frißt, schnell noch zwei allgemeine Hinweise:
Wegen der unvermeidbaren Maßab-

weichungen ist es nicht immer empfehlenswert, alle Teile einer Baugruppe in einem Durchgang herzustellen. Passungsprobleme lassen sich weitgehend vermeiden, wenn man, entsprechend dem Baufortschritt, nur jeweils die momentan benötigten Positionen vorbereitet und gleich verbindet. So können die jeweils nachfolgenden Einzelteile "im Falle des Falles" maßlich noch leichter korrigiert werden – und außerdem ist es für die Beteiligten motivierender und auch spannender, das Werkstück zwischendurch immer wieder wachsen zu sehen! Zum Übertragen der Zeichnungen auf's Holz nur einen weichen Bleistift verwenden und verbliebene Spuren am besten sofort nach dem Zuschnitt abradieren. Sobald nämlich Leim darankommt, lassen sich diese nur mühsam bzw. gar nicht mehr entfernen.

Der Kastenrohbau

Das "Gerippe" besteht aus den vier Eckpfosten (Teil 8), den Wänden (Teile 6 und 7) und den oberen Abdeckleisten (dem sogenannten Obergurt, Teile 9 und 10). Aus Passungs-

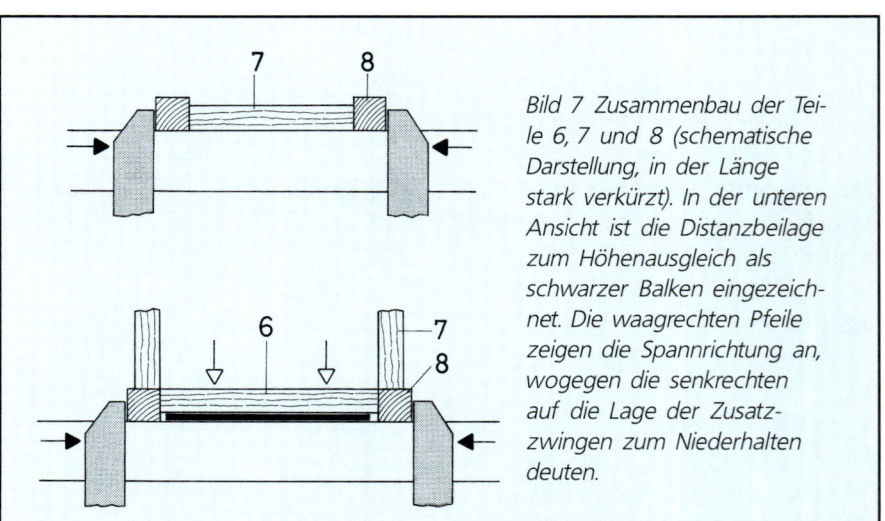

Bild 7 Zusammenbau der Teile 6, 7 und 8 (schematische Darstellung, in der Länge stark verkürzt). In der unteren Ansicht ist die Distanzbeilage zum Höhenausgleich als schwarzer Balken eingezeichnet. Die waagrechten Pfeile zeigen die Spannrichtung an, wogegen die senkrechten auf die Lage der Zusatzzwingen zum Niederhalten deuten.

gründen empfehle ich dringend, die Pufferbohrungen und die Kupplungsschlitze bei den Teilen 7 und 21 gemeinsam anzubringen. Nähere Hinweise hierzu bei Baugruppe C, Teil 21. Etwas schwierig kann sich das rechtwinklige und paßgenaue Zusammenpressen der Wandteile während des Verleimens gestalten, wenn man nur einfache Schraubzwingen zur Verfügung hat. Auch bei noch so sorgfältigem Ansetzen der Zwingen entsteht immer ein gewisser Seitenschub, der die Teile "aus dem Winkel zieht" bzw. auf dem Leimbett davonschwimmen läßt. Gute Erfahrungen habe ich mit einer einfachen und preiswerten Parallelspannvorrichtung gemacht, die sich auf jedem Werktisch befestigen läßt. Durch die mechanische Trennung des Spindelteils vom Gegenlager ist die Spannlänge über einen sehr weiten Bereich variabel (Bild 70).

Die wichtigsten Handgriffe, wie auf Bild 7 skizziert:

● Stirnwand (Teil 7) zusammen mit zwei Eckpfosten (Teil 8) flach zwischen die Spannbacken legen, ausrichten und probeweise festspannen. Die Teile müssen fugenlos aneinanderpassen und dürfen sich bei dem Versuch auch nicht gegeneinander verschieben, sonst sollte man sie nacharbeiten oder schlimmstenfalls neu anfertigen. Besser jetzt ein einziges Ausschußteil verschmerzen, als am Ende ständig einen windschiefen Aufbau "bewundern" zu müssen.

● Spannbacken lösen, an beiden Seitenkanten der Wandteile sparsam Weißleim auftragen. Teile aus-

richten, fest niederdrücken und dabei gleichzeitig festspannen. Je nach verwendeter Leim- bzw. Holzsorte kann es unter Umständen nötig sein, alle Flächen einer Verbindung einzustreichen (Anweisung des Herstellers auf dem Leimgebinde beachten). Ausgetretener Weißleim an der Rückseite oder geringer

Bild 8 Auf Gehrung gesägte Leisten lassen sich mit Hilfe eines solchen einfachen Winkelspanners präzise zusammenleimen.

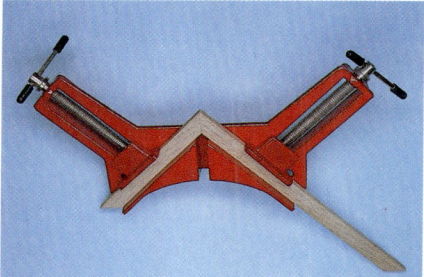

Kantenversatz (der aber wirklich nur im Bereich von 0,1 bis 0,2 mm liegen sollte) kann nach Erhärten der Leimstellen durch planes Abziehen der Baugruppe auf einem Schleifpapierbogen beseitigt werden.

● Beim Einlegen der langen Seitenwände (Teil 6) muß die Maßdifferenz zwischen Wand und Pfosten (2 mm) durch eine geeignete Unterlage (harte Pappe, Sperrholz o.ä.) ausgeglichen werden. Damit sich die langen Wandteile unter dem Druck nicht hochbiegen können, nimmt man am besten zusätzlich eine oder zwei leichte Schraubzwingen zu Hilfe (locker ansetzen, erst nach dem Spannvorgang festziehen!).

Tip: Wenn die Arbeitsplatte zum Festleimen neigt, dünne Polyäthylenfolie unterlegen.

Bild 9 Die im Haupttext beschriebene Leimlehre samt aufgesetztem Rahmen und dem Wagenkastenrohbau.

Die Abdeckleisten 9 und 10 können entweder einzeln oder in Form eines vorgefertigten Rahmens aufgesetzt werden. Wenn es Ihnen gelungen ist, die Teile genau genug zuzuschneiden (Länge, Gehrung), ist die Rahmenmethode sicher die elegantere. Als Montagehilfsmittel bieten sich dafür sogenannte Rahmen- oder Winkelspanner an (Bild 8). Das sind spezielle Doppelzwingen, wie sie heute schon für 5 bis 10 DM in brauchbarer Qualität angeboten werden. Man sollte allerdings vor dem Kauf prüfen, ob die gewählte Ausführung auch für sehr kleine Rahmenformate geeignet ist. Die vier Eckverbindungen werden damit nacheinander zusammengepreßt und geleimt. Da der fertige Rahmen anschließend allseitig angeleimt wird, braucht er nicht unbedingt bruchfest zu sein; die Anforderungen an die Haltbarkeit der Verbindungen sind also nicht sehr hoch. Vor dem Aufleimen des Rahmens bzw. der Rahmenteile sollte man nicht vergessen, die Oberkanten des Wagenkastenrohlings sorgfältig zu ebnen (gesamten Aufbau über Schleifpapierfläche ziehen). Auf dieselbe Weise können auch gleich noch die unteren, freistehenden Enden der Eckpfosten gemeinsam nachgeschliffen werden, damit die Trittbretter später sauber anliegen. Um den fertigen Rahmen paßgenau aufsetzen zu können, ist eine kleine Lehre von Nutzen. Man nimmt dazu ein Holzbrettchen (etwas größer als der Rahmen), legt den Rahmen mittig auf und leimt an jeder Innenecke ein Führungsklötzchen auf die Unterlage. Kasten und Rahmen werden durch diese Anordnung (wie auch auf Bild 9 zu sehen ist) beim Zusammenfügen in der Flucht gehalten und können sich unter dem Druck der Leimzwingen nicht mehr

Bild 11 Der fertiggestellte Wagenkasten in schräger Unteransicht.

Bild 10 Vorrichtung zum Aufleimen einzelner Rahmenteile. Die roten Holzstücke sorgen für exakte seitliche Führung, die grünen Teile sind als Distanzhalter untergelegt. Wie üblich werden für den eigentlichen Leimvorgang zusätzliche, hier nicht mit abgebildete Schraubzwingen angesetzt.

verschieben. Wer die Rahmenteile lieber einzeln anleimen bzw. einpassen will, braucht dazu natürlich ebenfalls eine "Sicherheitseinrichtung". Mit Hilfe einfacher Spannbügel (sog. Laubsägezwingen) und ein paar Anschlaghölzern läßt sich in Minutenschnelle eine vollwertige Leimlehre improvisieren (Bild 10). Geringer Versatz an den Ecken und Innenkanten läßt sich zum Schluß noch mit Glaspapier und Feile egalisieren.

Herstellung und Anbau der Armaturen

Obwohl nicht von funktioneller Bedeutung, spielen die Ausstattungsteile doch eine wichtige Rolle. Je vollständiger sie vorhanden sind, desto realistischer fällt auch das Resultat aus; die Mühe und Sorgfalt bei der Herstellung und Montage der

paar Kleinteile ist also durchaus nicht vergebens. Bezüglich der Leim- bzw. Klebetechnik muß man sich etwas auf die Größe der Teile einstellen. Wo selbst kleinste Anpreßhilfsmittel keinen Platz mehr haben, genügt es, die leimbenetzten Teilchen mit der Pinzette aufzusetzen und kurz anzudrücken. Im übrigen muß man ja keineswegs immer mit Weißleim arbeiten; die Flugmodellbauer zum Beispiel verwenden seit jeher mit gutem Erfolg Zellulosekleber (Uhu hart oder ähnliches), bei dem das Andruckproblem ganz entfällt. Weitere Instruktionen enthalten die folgenden Teilebeschreibungen.

Teil 11 Türholm

Die beiden Leisten müssen so angesetzt werden, daß sie genau an die Außenkante des 46 mm hohen Mittelfeldes von Teil 6 anschließen. Sie sollen sich am unteren Ende weder mit diesen überschneiden, noch soll ein Spalt bleiben – etwas Maßarbeit ist also angesagt! Zur Kontrolle dient das Maß 51 in der Übersichtszeichnung.

Teil 13 Türsicke
Beim Anleimen mit Leimzwinge evtl. Druckholz beilegen, weil sich die dünnen Teile sonst hochbiegen könnten.

Teil 12 Türscharnier
3-mm-Rundholz fest auf den Tisch spannen und nacheinander die beiden Leimflächen anfeilen. Im Prinzip kann man natürlich auch den umgekehrten Weg gehen und einen Vierkantstab abrunden – das ist Ermessenssache! Anschließend "vom Stück" arbeiten: Rille zur Markierung des Scharnierkegels einsägen, nach weiteren 3 mm das Teil abtrennen usw. Als Orientierungskanten für die Montage gelten Ober- und Unterseite der Türsicken bzw. das hochgezogene Wagenkastenteil (siehe auch Bild 3 zum Vergleich).

Teil 17 Griffbügel
Die beiden Schenkel werden nacheinander im Schraubstock gebogen (nicht umschlagen, sondern mit einem festen Gegenstand drücken). Um das Abstandsmaß 25 zu erreichen, bedarf es meist einer Probebiegung, weil der Eckenradius und die Materialdehnung nicht so ohne weiteres vorhersehbar sind. Bügel noch nicht einkleben, sondern blankschleifen und zur Lackierung bereithalten. Hier noch ein allgemeingültiger Hinweis zum Stichwort "Griffbügel": Wie auf Bild 73 im Detail gezeigt, können zur Nachbildung der Flansche alternativ noch zusätzliche Rohrnieten aufgeklebt werden. Man hat dann einen vorbe-

stimmten Tiefenanschlag und kann gleichzeitig etwa unsauber geratene Bohrungsränder überdecken. Da die Beschaffung der passenden Größen erfahrungsgemäß nicht ganz einfach ist, habe ich sie in den Teilelisten zu den einzelnen Wagen weggelassen.

Teil 18 Auftritt
Diese Trittstufen heißen nicht nur so, sie sind tatsächlich auch "der letzte Auftritt in diesem Akt". Und so werden sie angeleimt:
Alle 4 Teile in maßlich korrekter Lage auf eine plane Platte legen und an den freien Rändern provisorisch mit Klebstreifen fixieren.
Ecksäulen mit Leim bestreichen und den Wagenkasten genau ausgerichtet aufsetzen.
Wagenkasten mit möglichst hohem Gewicht beschweren (er soll schon einige Kilogramm aushalten, sonst war die Arbeit nicht so toll!).
Zur Verstärkung evtl. noch an jeder Ecke eine Schraubzwinge ansetzen. Wem diese "Vier-auf-einen-Streich-Methode" nicht so zusagt, der kann die Teile natürlich auch schön gemächlich nacheinander anleimen!

Baugruppe C Chassis

Im Vergleich zur eben fertiggestellten Baugruppe B kann man das Zurichten und Zusammensetzen der Chassisteile guten Gewissens als problemlos bezeichnen. Die folgenden Kommentare zu den einzelnen Untergruppen bzw. Teilnummern sind deshalb im wesentlichen dazu gedacht, kleinere Pannen, die durch unplanmäßiges Vorgehen entstehen können, von vornherein zu vermeiden.

Der Rahmenrohbau

Teil 20 A Seitenwange,
Teil 20 B Achshalter
Es ist mehr eine Frage der persönlichen Vorliebe, als eine technische Entscheidung, ob man die Teile 20 A/20 B getrennt oder aus einem Stück herstellen will. Bei separaten Achshaltern entfällt das etwas mühselige Ausfeilen der Innenwinkel, dafür müssen sie halt getrennt ausgesägt und genau bündig und fluchtend angeleimt werden.

Teil 21 Stirnseite
Damit sich die Pufferbohrungen auf jeden Fall mit denen in der Pufferbohle decken, spannt man die Teile 7 und 21 paarweise zusammen und bearbeitet sie gemeinsam mit einem Holzbohrer mit Zentrierspitze. Danach lassen sich Chassisstirnseite und Pufferbohle mit zwei durch die Bohrungen gesteckten Rundhölzern paßgenau zusammenhalten, und die Kupplungsschlitze können mit einem Schnitt eingesägt werden.

Hier noch ein bewährter Tip - nicht nur für Anfänger! Wenn die Schlitze mit der Feile erweitert werden müssen, verläuft die Feilkante quer durch's Material meist in leichtem Bogen. Der Effekt: Außen sind die Schlitze schon reichlich breit, innen dagegen immer noch zu eng. Spannen Sie deshalb beim Feilen die beiden Teile einfach so ein, daß die Außenseiten nach innen gedreht sind. Nach dem Umspannen in die richtige Lage lassen sich die Schlitze nun mühelos mit ein paar weiteren Feilstrichen begradigen.

Um sicherzustellen, daß beide Seitenwangen später absolut senkrecht und im richtigen Abstand parallel auf der Bodenplatte (Teil 19) stehen, ist es unbedingt ratsam, sie vorher zusammen mit den beiden Stirnseiten (Teil 21) im rechten Winkel zu verleimen. Beachten Sie bitte, daß die beiden Seitenwangen gegenüber den vorgesetzten Stirnseiten jeweils um 4 mm nach innen gerückt sind, die lichte Weite des Rahmens am Ende also exakt 62 mm betragen muß (siehe auch Bild 14). Wie werden nun die Rahmenteile für die Leimverbindung ausgerichtet und fixiert? Wenn Sie durch die Pufferbohrungen als An-

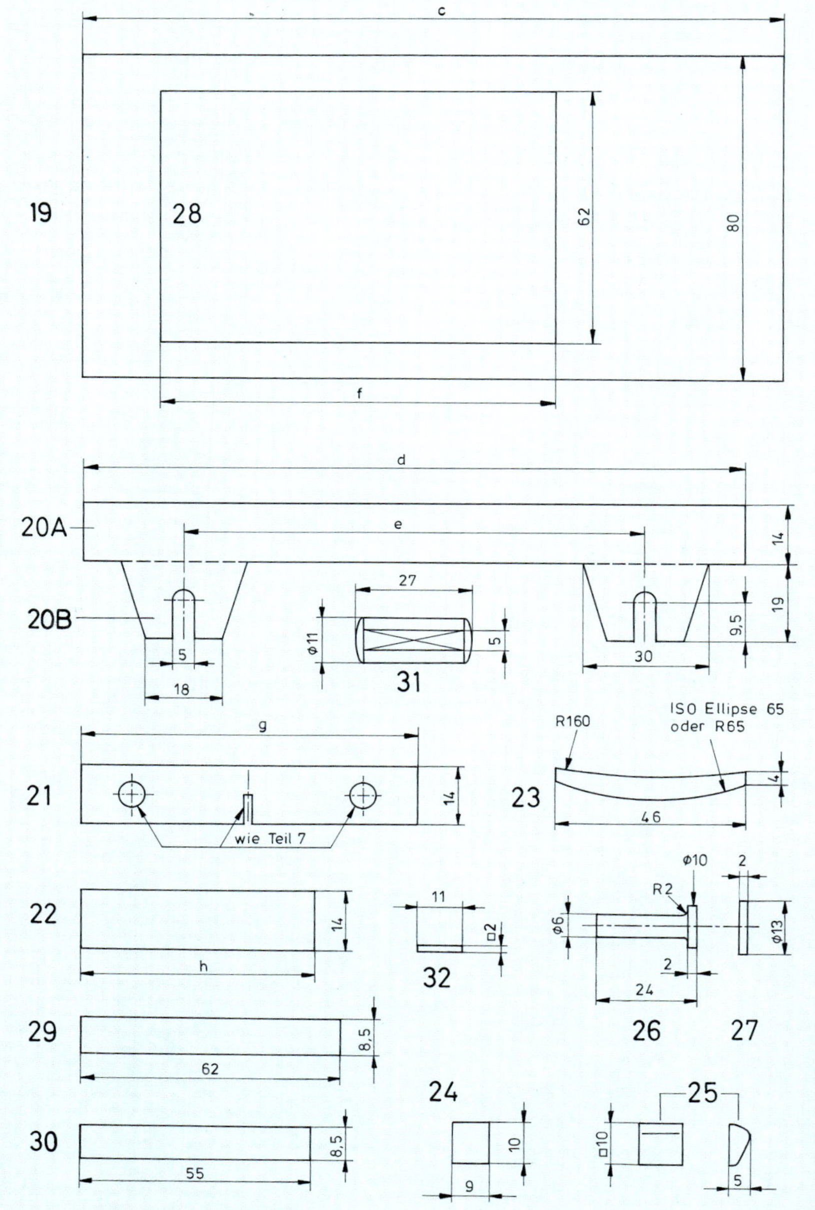

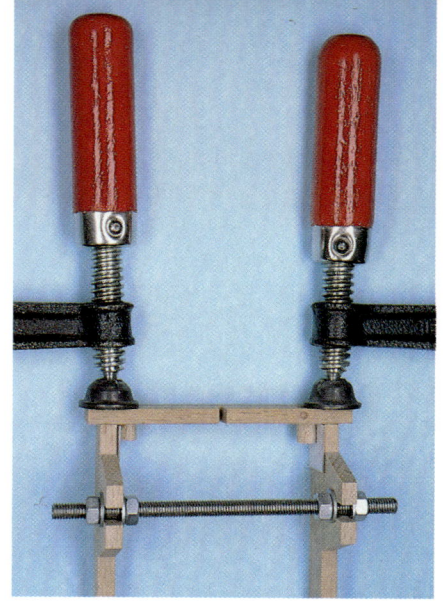

Bild 13 Mit Hilfe provisorischer Abstandshalter und leichter Schraubzwingen werden die Teile 20 A/B und 21 zu einem Rahmen zusammengeleimt.

schlag kleine Rundhölzer stecken und zum Ausgleich noch etwa 0,5 mm dicke Pappestückchen zwischen Anschlag und Seitenteil schieben, können die Abstände sehr genau vorbestimmt und fixiert werden. Wer ein übriges tun will, kann noch zwei Gewindestangen quer in die Achshalterausschnitte legen und mittels großer Beilagscheiben und Muttern den oberen Abstand (und damit die Senkrechtlage) einregulieren. Die ganze Anordnung ist anschaulich auf Bild 13 dargestellt.

Teil 19 Bodenplatte

Damit bei der Fertigstellung des Rohbaus unvermeidbare, kleine Symmetrieabweichungen noch ausgeglichen werden können, sollte die Bodenplatte vorerst einmal in beiden Richtungen um etwa 1 mm größer sein, als in der Zeichnung vorgeschrieben.

Verbindung des Rahmens mit der Bodenplatte

Unter Beilage genügend breiter Druckhölzer (müssen quer über beide Seitenwangen reichen) und dem

Bild 12 Die Einzelteile der Baugruppe C. Teil 28 wurde aus Platzgründen in das Teil 19 gezeichnet und stellt nicht etwa einen Ausschnitt dar.

Einsatz mehrerer Schraubzwingen wird nun der vorgefertigte Rahmen möglichst mittig auf die Bodenplatte geleimt. Sobald die Verbindung genügend fest ist, kann man mit dem Einpassen des Bodens in den Wagenkasten beginnen und Kante für Kante, unter ständiger Maßkontrolle, nacharbeiten. Gerade bei offenen Wagentypen mit von oben sichtbarem Boden ist saubere Arbeit an dieser Stelle so etwas wie die Visitenkarte des Erbauers! Als Werkzeuge eignen sich Flachfeile – oder noch besser – ein Tellerschleifer.

Teil 24 Stütze

Wagenkasten lagegenau über den entstandenen Chassisrohbau stecken und die Stützen so einpassen und an die Wangen anleimen, daß sie genau unterhalb der Türholme (Teil 11) zu liegen kommen.

Teil 22 Schürze,
Teil 23 Federpaket

Beide Teilesätze in der Länge streng zwischen die Stützen einpassen und festleimen. Zur Herstellung von Teil 23 siehe auch Bild 16.

Teil 25 Lagergehäuse

Pro Wagen sollten möglichst alle Teile aus einem einzigen Profilstück

hergestellt werden; so erreicht man am leichtesten die geforderte Formgleichheit (oder zumindest starke Ähnlichkeit!). Leiste 5 x 10 mm mit der Feile so bearbeiten, daß sie im Querschnitt ungefähr der Zeichnung entspricht. Radien und Winkel habe ich bewußt nicht angegeben, das würde die Sache nur komplizieren. Von diesem Profil 10 mm lange Stücke absägen und mittig aufleimen. Als Leimzwingen eignen sich z.B. kräftige Wäscheklammern mit genügender Öffnungsweite.

Teil 26 Puffer

Als "normal ausgerüsteter Bastler" wird man die Pufferteile meist mit Hilfe der Bohrmaschine und des dazu passenden Horizontalständers herausarbeiten. Auch gewieften Hobbydrechslern sei empfohlen, die Pufferteller extra aufzusetzen, weil dünnwandiges Stirnholz sehr bruchempfindlich ist. Hier die wichtigsten Arbeitsgänge in einer erprobten Reihenfolge (siehe auch Bild 15):
• Ein ca. 50 mm langes Rundholzstück einspannen. Etwa 5 mm vom Bohrfutter entfernt mit feiner Säge bei langsam (!) drehender Maschine, Führungsrille einschneiden (als Abstandshalter zum Bohrfutter evtl. Holzstück anlegen).

• Mit einer runden Nadelraspel für die Grobarbeit und einer Schlüsselfeile zum Glätten bei mäßiger Maschinendrehzahl eine 4 mm breite Nut herausarbeiten, bis der innere Durchmesser von 6 mm erreicht ist.
• Das freistehende Holzende neben der Nut ebenfalls bis auf 6 mm abtragen (mit Flachraspel und Schlichtfeile).
• Rohteil ausspannen und beidseitig auf das Endmaß schneiden.

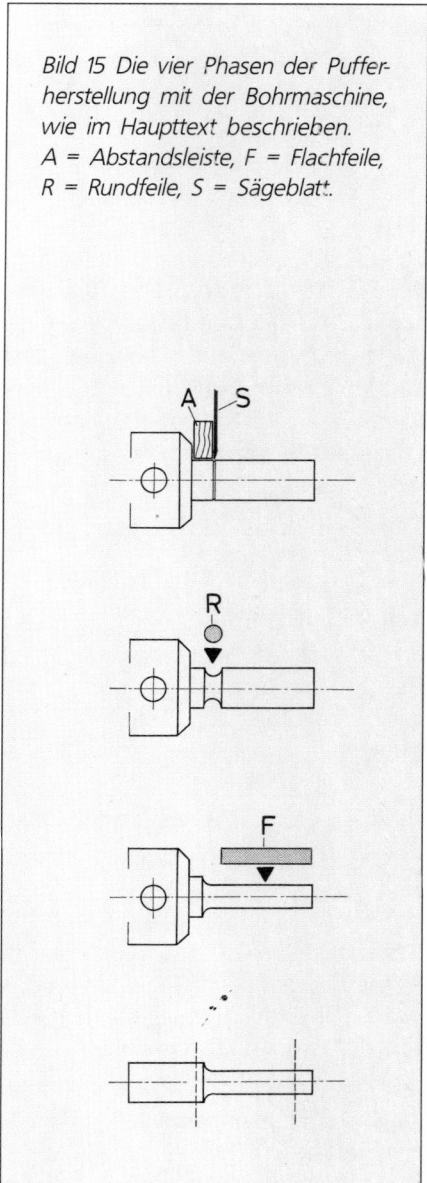

Bild 15 Die vier Phasen der Pufferherstellung mit der Bohrmaschine, wie im Haupttext beschrieben.
A = Abstandsleiste, F = Flachfeile,
R = Rundfeile, S = Sägeblatt.

Bild 14 Kontrollmaße für die paßgenaue Montage der Baugruppen A und C. Alle Höhenangaben beziehen sich auf die Schienenoberkante (Nullpunkt). Diese Systemabmessungen sind auch dann sehr nützlich, wenn man später an Eigenkonstruktionen mit individuellem Aufbau herangehen will.

Teil 27 Pufferteller

Scheiben mit Laubsäge ausschneiden und zentrisch auf die Stößel leimen. Puffer am Schaft nochmals in die Bohrmaschine spannen und den Teller "nachdrehen".

> **Tip**: Zum Schutz vor Eindrücken des Backenfutters zwei Lagen Tesakrepp oder ein Stück Pappe um den Schaft wickeln.

Ich habe vergleichsweise jeweils einige Pufferpaare mit der Drehmaschine und nach der vorstehend beschriebenen Methode angefertigt. Der Unterschied ist mit bloßem Auge kaum zu erkennen; er äußert sich lediglich im etwas größeren Schlag bei der "Freihandmethode".

Teil 28 Unterboden, Teil 29 Querträger, Teil 30 Längsträger

Alle Positionen bei eingelegtem Laufwerk einpassen und die Teile 29 und 30 auf den Unterboden leimen. Die Räder müssen sich frei bewegen lassen, andernfalls kann man die beiden kritischen Kanten von Teil 28 noch leicht anschrägen.

Teil 31 Luftbehälter

Solange die Bohrmaschine noch in der Horizontalen liegt, kann man gleich noch ein weiteres Stück Rundholz bearbeiten. Die Zeichnungsradien haben hier nur informativen Charakter und sind deshalb auch nicht bemaßt. Wichtig ist nur, daß das Teil nicht "einseitig" wirkt; d.h. beide Enden sollten dem Augenschein nach etwa die gleiche Form haben. Die Befestigungsfläche wird zum Schluß angefeilt (beim Einspannen weiche Beilagen verwenden, sonst gibt's Druckstellen). Aufleimen sollte man den Luftbehälter möglichst ohne mechanische Spannhilfen, indem man ihn lediglich ausrichtet und kurz und kräftig andrückt. Andernfalls müßte man ihn mit Hilfe provisorischer, seitlicher Anschläge gegen Verrutschen sichern.

Teil 32 Sicherungsleiste

Diese beiden Winzlinge dienen als Verschluß des Kupplungsaufnahmeschlitzes; sie werden vorerst nur stramm eingepreßt, aber nicht verleimt.

Bild 16 So werden die Innenbögen der Teile 23 am Stück geschliffen. Die Vorrichtung besteht aus einer Tischbohrmaschine mit eingesetzter Schleifrolle sowie einem entsprechend ausgeschnittenen Hilfsbrett. Die selbstgefertigte Zeichenschablone aus Hartplastik im Vordergrund vereinfacht das serienweise Aufzeichnen erheblich.

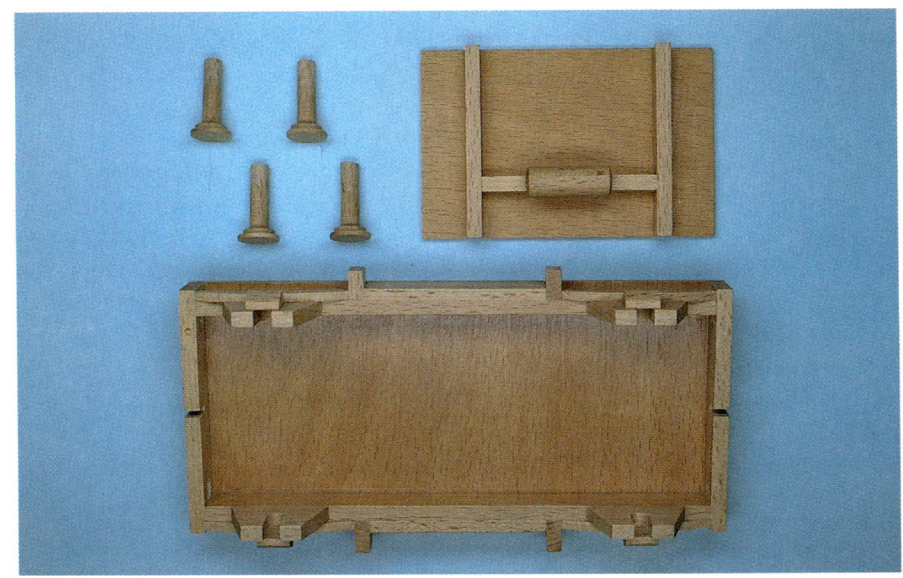

Bild 17 Das Chassis samt einbaufertigem Unterboden und den vier Puffern.

Zu guter Letzt: die Kupplungen

Ich bin der Meinung, daß zu einem "zünftigen Eisenbahnspiel" auch das Ein- und Aushängen der Kupplungsbügel gehört. Je weniger Handgriffe der Spielbetrieb erfordert, desto schneller geht bekanntlich auch das Interesse verloren. Diese Überlegungen sowie die hohen Anforderungen an die Robustheit für den vorgesehenen Einsatz haben mich da-

Bild 18 Die Baugruppen A und C sind hier bereits probeweise zusammengefügt.

zu bewogen, eine Eigenbaukupplung vorzuschlagen. Der Arbeitsaufwand hält sich dabei in Grenzen, weil lediglich der Kupplungshaken (Teil 4) aus Messing- bzw. Stahlblech ausgesägt werden muß. Die Bügel (Teil 5) bestehen aus abgetrennten Gliedern einer handelsüblichen Kette (in Metallwarengeschäften oder Baumärkten erhältlich). Wer den Eigenbau umgehen will, kann natürlich auf eine Serienkupplung für Fahrzeuge der Baugröße 1 zurückgreifen. Insgesamt gesehen dürfte die Arbeitsersparnis beim Einbau bzw. der Anpassung fertiger Kupplungen jedoch gering sein. Es soll jedoch nicht verschwiegen werden, daß der Aktionsbereich einer solch einfachen Kupplung etwas eingeschränkt ist; die Gleisradien dürfen daher nicht zu eng ausgelegt sein. Hier ist auf jeden Fall noch Spielraum für eigene Ideen – je nachdem, welchen technischen Aufwand man treiben kann oder will. Denjenigen unter Ihnen, welche an Metallarbeiten keinen rechten Gefallen finden, möchte ich noch kurz eine "Minimallösung" vorschlagen: als Zughaken einfache, gerade Schraubhaken mit Gewindebefestigung einsetzen, als Kupplungsbügel ein gelochtes Metallband (evtl. aus

einem Metallbaukasten) verwenden. Der richtige Lochabstand kann durch Versuch ermittelt werden; anstelle des Schlitzes in der Pufferbohle genügt dann eine Bohrung.

Teil 4 Zughaken

Zeichnung auf das Blech übertragen (evtl. Kopie der Zeichnung direkt aufkleben), die beiden Freibohrungen Ø 4 und Ø 3 anbringen, dann die Konturen mit Bügelsäge und Laubsäge herausarbeiten.

Bemalen und Beschriften

Es ist weitgehend eine Frage des persönlichen Geschmacks, ob die Holzoberflächen mit einem deckenden Lackanstrich, einer farbigen Lasur oder lediglich mit einem farblosen Schutzlack überzogen werden. Keine Geschmacksfrage, sondern vielmehr eine Verpflichtung ist es dagegen, auf jeden Fall ungiftige und umweltverträgliche Anstrichmittel zu verwenden. Die Farbtöne sollte man nicht unbedingt mit den strengen "RAL-Augen" eines Eisenbahnfans auswählen – etwas hellere und freundlichere Farben stehen unserer Spielbahn meist besser zu Gesicht. Was die oft sehr unterschiedliche Verarbeitbarkeit der einzelnen

Stoffe anbelangt, sei auf die Vorschriften der Hersteller verwiesen. Grundsätzlich gilt: Lacküberzüge, egal ob farblos oder bunt, nur auf grundierte und fein geschliffene Oberflächen auftragen. Verschmierte Leimreste versiegeln die Oberfläche und treten besonders bei Lasuren, aber auch unter transparenten Lackschichten, als häßliche Flekken in Erscheinung.

Nachstehend einige Vorschläge zur Auswahl:

● deckender Lackanstrich mit glänzender oder seidenmatter Oberfläche. Offenporige Schichten lassen den Holzcharakter noch erkennen, wogegen glatte Lackflächen manchmal wie Plastik aussehen.

● farbiger, transparenter Überzug mit Holzdekorlasur (z.B. Chassisteile in schwarzbraunem Palisanderton, Aufbauten in hellem Rotbraun oder freundlichem Grün).

● Naturbelassene Oberfläche, mit transparentem Schutzlack überzogen.

Wie Sie auf den Fotos unschwer erkennen können, habe ich als "Fotografieranstrich" meist die letztere der drei Methoden gewählt. Saubere Arbeit und einigermaßen gleichmäßiges Material vorausgesetzt, kommt so das charakteristische der Holzbauweise am schönsten zur Geltung. Metallteile, wie z.B. den Kupplungshaken oder die Achslagerbügel, sollte man vor dem Lakkieren unbedingt mit einer Metallgrundierung behandeln. Besser wären natürlich galvanische Schutzüberzüge, doch dazu reichen die Mittel und Möglichkeiten einer Heimwerkstatt meist nicht aus. Bei größerem Bedarf kann man sich ja überlegen, ob man die Teile nicht doch besser zu einem Galvanikbetrieb bringt.

Bild 19 So sieht unser O-Wagen aus, wenn man ihn in rotbraunem Güterwagenfarbton lackiert. Damit der Anstrich nicht allzu düster wirkt, wurde hier allerdings je ein kräftiger Schuß Orange und Weiß untergerührt.

Bild 20 Etwas mehr Arbeit bereiten zweifarbige Lackierungen mit abgesetzten Kanten. Güterwagen in verschiedenen Grünschattierungen gab es übrigens auch unter den ehemaligen Länderbahnen.

Soweit es bei dem geplanten Einsatz überhaupt sinnvoll ist, eine Anschrift aufzubringen, reichen m.E. die auf Bild 3 eingetragenen Kennbuchstaben (Bahnverwaltung, Wagenart) völlig aus. Man kann dazu weiße Abreiblettern nehmen oder (bei naturbelassenen Wagen) auch mit wasserfester, schwarzer Tusche arbeiten. In letzterem Fall muß die Holzfläche natürlich schon grundiert und geschliffen sein, weil sonst die Schrift ausläuft. Sowohl aufgeriebene als auch aufgemalte Anschriften sollten abschließend mit einem transparenten Schutzlack überzogen werden.

Die Endmontage

Der spannende Moment ist da – die fertigen Baugruppen (Bild 4, 11 und 17) werden mit wenigen Handgriffen zusammengesetzt und schon steht der erste "Rollout" bevor! Vergeuden wir also keine Zeit mehr:

- Das Chassis (Baugruppe C) von unten in den Wagenkasten (Baugruppe B) einsetzen und durch die vier Puffer sichern. Wenn letztere stramm genug sitzen, kann auf zusätzliches Einleimen verzichtet werden.
- Das Laufwerk (Baugruppe A) endgültig zusammensetzen und die La-

gerstellen leicht ölen. Sollte sich herausstellen, daß nicht alle vier Räder gleichzeitig aufliegen, kann die Höhendifferenz leicht durch Beilegen von zwei dünnen Ausgleichsscheiben unter einen der Lagerwinkel ausgeglichen werden.

- Vormontierte Unterbodengruppe (Teile 28 bis 31) von der Seite her in das Laufwerk schieben und die gesamte Einheit in das Chassis versenken (Bild 18). Wenn die Räder nicht frei beweglich sind, ist jetzt die letzte Gelegenheit, die entsprechenden Aussparungen in den Achshalterattrappen zu erweitern (geht am besten mit Minibohrmaschine und Fräseinsatz). Unterbodengruppe an den vier Stirnseiten der Teile 29 mit den Chassiswagen verleimen. Dabei sollte das Laufwerk nicht vollständig eingeklemmt werden, sondern einige Zehntelmillimeter Höhenspiel behalten.
- Griffbügel befestigen, entweder mit Holzleim oder Epoxidkleber.
- Kupplungen einsetzen und Sicherungsleiste Teil 32 einleimen.

Betriebshinweis

Puffer und Kupplung sind in ihrer Länge so bemessen, daß die Fahrzeuge auf handelsüblichen Gleisradien verkehren können. Stellt sich nach dem Erprobungslauf auf der eigenen Gleisanlage heraus, daß der Pufferabstand weiter vergrößert werden muß, so braucht man nur die Stößel etwas tiefer in die Bohrungen zu drücken (falls sie nicht schon voreilig festgeleimt wurden). Sollte sich das Längsspiel des Kupplungsbügels im Betrieb als zu groß erweisen, kann man es mit einer zusätzlichen einfachen Flanschplatte (z.B. wie in der Bauanleitung "Diesellok" unter Pos. 24 beschrieben) leicht begrenzen.

Auf gleichem Fahrwerk:
ein Klappdeckelwagen

Eine Schwalbe macht bekanntlich noch keinen Sommer – und ein O-Wagen allein ergibt noch keinen Güterzug! Grund genug also, unser Bauprogramm gleich wieder fortzusetzen. Der Klappdeckelwagen (kurz K-Wagen) läuft, wie schon im Titel angezeigt, auf dem gleichen Fahrwerk wie sein Vorgänger; also echter Austauschbau auch bei der Holzspielbahn! Das heißt konkret: Die Baugruppen A und C des O-Wagens können unverändert übernommen werden und tauchen als Gesamtposition nur in der Teileliste auf. Für reichliche Abwechslung

sorgt dagegen die Gehäusegruppe; hier konnten nur zwei Positionen aus dem O-Wagen wiederverwendet werden.

Baugruppe D
Wagenkasten

Wie gewohnt sind auch hier wieder alle Einzelteile durch Zeichnung und Teileliste maßlich eindeutig bestimmt; trotzdem sollten wir uns vorher an einigen Stellen Gedanken über die zweckmäßigste Herstellung machen. Die betreffenden Kom-

Bild 21 Klappdeckelwagen in geschlossenem Zustand. Fahrzeuge dieser Bauart wurden beim Vorbild einst zum Transport nässeempfindlicher Güter eingesetzt – unser Holzmodell wird sich dagegen im Trockenen wohler fühlen!

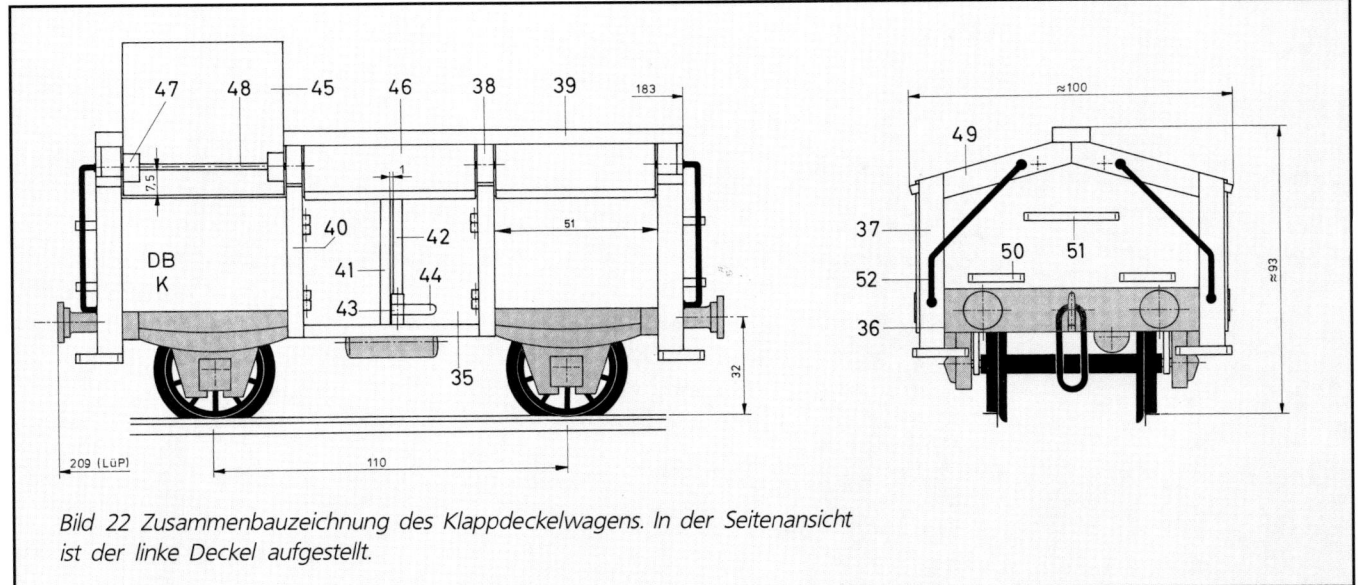

Bild 22 Zusammenbauzeichnung des Klappdeckelwagens. In der Seitenansicht ist der linke Deckel aufgestellt.

mentare habe ich der Übersichtlichkeit halber nach aufsteigender Positionsnummer geordnet. Die sinnvolle Reihenfolge der Teilefertigung ist dagegen in vielen Fällen montageabhängig; darauf kommen wir im nachfolgenden Abschnitt zu sprechen.

Teil 36 Stirnwand mit Pufferbohle
Teil 38 Zwischenwand

Pufferbohrungen, Kupplungsschlitz und die Trennfuge der Pufferbohle entsprechen genau Teil 7 aus Baugruppe B, weshalb die Maße nicht wiederholt wurden. Die "Dachkanten" und Lagerbohrungen müssen bei allen vier Teilen form- bzw. lagegleich sein – am besten nach dem Zuschnitt im Stapel bearbeiten. Die Trittbrettschlitze werden auf folgende Weise ausgespart: 3-mm-Bohrungen mit dem Rand an die Schlitzenden setzen; mit Laubsäge oder Stecheisen das Mittelstück entfernen. Schlitzbreite zunächst etwas knapp halten; durch Auffeilen wird die Passung mit den Teilen 50/51 hergestellt.

Teileliste für den Klappdeckelwagen (K-Wagen)

Baugruppe A Laufwerk (siehe Teileliste für O-Wagen)
Baugruppe C Chassis (siehe Teileliste für O-Wagen)
Baugruppe D Wagenkasten

Teile-Nr.	Stück-zahl	Bezeichnung	Material- und Maßhinweise
12	8	Türscharnier	aus Baugruppe B
18	4	Auftritt	aus Baugruppe B
35	2	Seitenwand	6 mm Sperrholz oder Massivholz
36	2	Stirnwand mit Pufferbohle	6 mm Sperrholz oder Massivholz
37	4	Eckpfosten	8 mm Massivholz bzw. Leiste 8 x 8
38	2	Zwischenwand	5 mm Sperrholz oder Massivholz
39	1	Deckleiste	5 mm Massivholz bzw. Leiste 5 x 12
40	4	Türholm	3 mm Massivholz bzw. Leiste 3 x 5
41	2	Türprofil lang	2 mm Massivholz bzw. Leiste 2 x 3
42	2	Türprofil kurz	2 mm Massivholz bzw. Leiste 2 x 3
43	2	Knebelgelenk	5 mm Rundholz
44	2	Knebelgriff	2 mm Massivholz bzw. Leiste 2 x 3
45	4	Klappdeckel	3 mm Sperrholz
46	2	Klappdeckel	3 mm Sperrholz
47	12	Lagerbock	5 mm Massivholz bzw. Leiste 5 x 10
48	2	Lagerstange	2 mm Messing- oder Stahldraht
49	4	Stirnwandprofil	2 mm Massivholz bzw. Leiste 2 x 8
50	4	Trittstufe	3 mm Massivholz
51	2	Plattform	3 mm Massivholz
52	4	Griffbügel	1,5 bis 2 mm Messing- oder Stahldraht

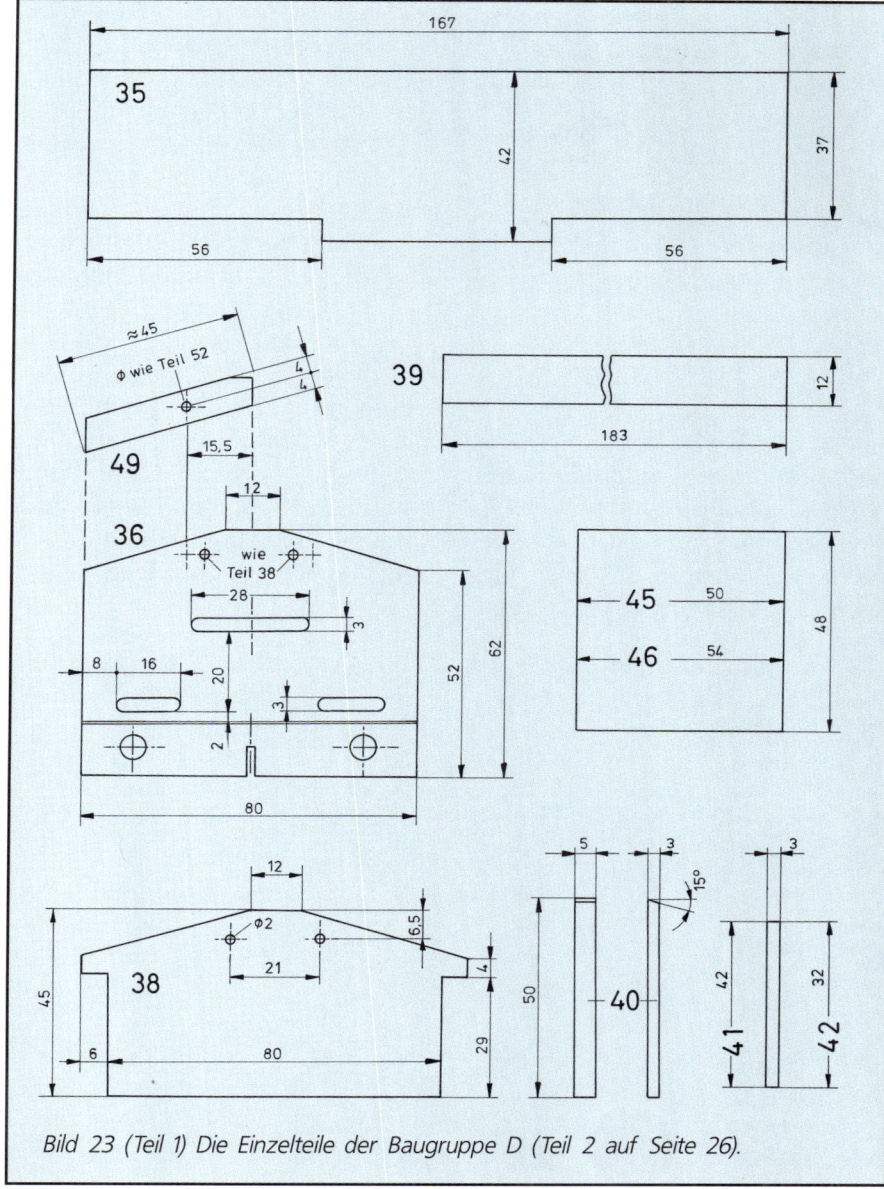

Bild 23 (Teil 1) Die Einzelteile der Baugruppe D (Teil 2 auf Seite 26).

und am Einbauort (Teil 36) einpassen, aber nicht anleimen! Die Bohrung für den Griffbügel vorerst noch weglassen.

Teil 50 Trittstufe
Teil 51 Plattform

Die 6 mm langen Steckenden mit der Flachfeile abrunden, bis sie stramm in die Stirnwandschlitze passen. Wer sich die Arbeit vereinfachen will, kann die Ansätze auch rechteckig lassen und sie dafür beidseitig um 1,5 mm schmäler zuschneiden; die Leimflächen sind auch so noch groß genug.

Teil 52 Griffbügel

Die Griffe müssen paarweise spiegelbildlich gebogen sein (je zwei linke und zwei rechte Teile); in Zeichnung und Teileliste ist nur eine Version angegeben. Durch die zweidimensionale Abwinklung ist das Biegen nicht ganz so einfach, spätestens nach dem zweiten Anlauf hat man es jedoch geschafft. Es kommt darauf an, daß Sie sich vor dem zweiten Biegevorgang, wo bereits das erste Abstandsmaß bestimmt wird, die genaue Einspannlänge aufschreiben; gezielte Korrekturen sind dann kein Problem.

Der Zusammenbau

Vor ihrer Weiterverarbeitung müssen die Stirnwände zunächst mit den Teilen 50 und 51 bestückt werden; etwaigen rückwärtigen Überstand nach dem Verleimen abschleifen. Eckpfosten 37 anleimen und an der schrägen Oberseite mit Teil 36 bündig schleifen. Nun können alle vier Außenwandteile (35/36) nacheinander zusammengeleimt werden. Da die Höhenposition der Seitenwände nicht, wie beim vorausgegangenen Wagen, durch die ge-

Teil 37 Eckpfosten
Teil 40 Türholm

Beide Positionen mit etwas Längenreserve zuschneiden, für's spätere Bündigschleifen der schrägen Oberkanten. Die Bohrungshöhe bei Teil 37 muß, unabhängig davon, gleich richtig plaziert werden.

Teil 47 Lagerbock

Die Nuten sollten so bemessen sein, daß sich das probeweise darunter-

gelegte Teil 48 leicht verschieben läßt, aber nicht zu sehr wackelt. Zweckmäßigerweise schlitzt man eine längere Leiste, sägt die benötigten Stücke ab und feilt die Nuten bei Bedarf einzeln nach. Wegen der mechanischen Beanspruchung sollte man für die Teile nur Holz mit hoher Festigkeit verwenden.

Teil 49 Stirnwandprofil

Mit Längenreserven zuschneiden

meinsame Oberkante definiert ist, muß sie zunächst ermittelt werden. Legen Sie zu diesem Zweck einfach auf die Rückseite der Stirnwand ein Teil 38 (Bohrungen und Dachschrägen deckungsgleich) und halten Sie die Seitenwand genau unter den Vorsprung der Zwischenwand. Mit Hilfe kleiner Klebeschildabschnitte läßt sich nun die Lage der Seitenwandunterkante problemlos auf das Teil 36 übertragen bzw. für den Leimvorgang festhalten.

Sobald der entstandene Rohbau genügend fest ist, sollten gleich die vier Auftritte (Teil 18) angeleimt werden – jetzt kann man den Aufbau noch unbehindert beschweren. Die beiden Zwischenwände (Teil 38) lassen sich auf sichere Weise nur mit Hilfe beigelegter Distanzstücke einsetzen. Zwei rechteckige Sperrholzreste, auf 51 mm Breite zugeschnitten (entspricht dem inneren Abstand Stirnwand/Zwischenwand), reichen allemal aus, die Teile 38 nacheinander senkrecht und lagegenau einzuleimen. Nachdem auch die Türholme (Teil 40) senkrecht angesetzt und an den Oberkanten bündig nachgeschliffen wurden, können die Klappdeckel eingepaßt werden.

Empfehlenswerte Reihenfolge:

● Eine Lagerstange 48 durchstecken, die drei zu einer Reihe gehörenden Klappdeckel auflegen, ausrichten und provisorisch (z.B. mit Pappestückchen) festklemmen.

● Teile 47 entweder gleich anleimen (etwa mit Hilfe kräftiger Wäscheklammern) oder erst deren Umrisse auf den Deckeln mit Bleistift anzeichnen, um dann außerhalb des Aufbaus unbehindert arbeiten zu können. Vergessen Sie dabei auf keinen Fall, das Maß 7,5 in der Übersichtszeichnung jedesmal zu kontrollieren! Nach Entfernen der

Bild 24 Unteransicht des fertigen Wagenkastens, mit Blick auf die Klappdeckellagerung.

Lagerstange werden die Deckel wieder abgenommen und die zweite Reihe auf gleiche Weise eingepaßt. Anschließend kann man bereits die Deckleiste 39 sowie alle noch fehlenden "Garnierungsteile" (ausge-

nommen die Position 49) anleimen. In dem nunmehr erreichten Zustand müssen der gesamte Aufbau sowie die sechs Klappdeckel allseitig oberflächenbehandelt werden. Erst wenn alle Lasur- bzw. Lackschichten vollkommen trocken sind, die Klappen endgültig einsetzen und die Lagerstangen mit den Stirnwandprofilen 49 abdecken. Diese letzte Leimstelle sollte vor dem Lackieren mit Klebefilm abgedeckt werden. Abschließend die Profile, wenn nötig, mit der Stirnwand bündig schleifen und nachlackieren. Letzter Handgriff an dieser Baugruppe: die oberen Befestigungslöcher für die Griffbügel bohren und die Teile 52 einkleben.

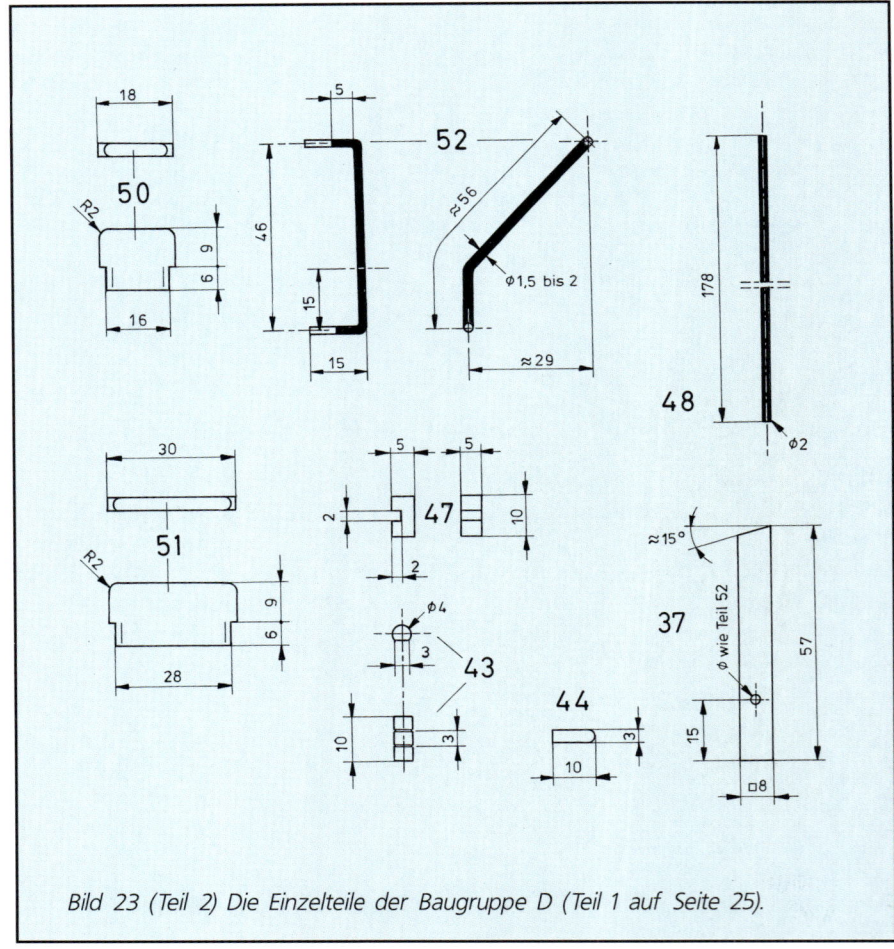

Bild 23 (Teil 2) Die Einzelteile der Baugruppe D (Teil 1 auf Seite 25).

Verstärkung folgt:
ein gedeckter Güterwagen

Ein geschlossener Güterwagen mit beweglichen Schiebetüren darf in einem "zünftigen Wagenpark" natürlich ebenfalls nicht fehlen. Wie nicht anders zu erwarten, ist der Bauaufwand durch das gewölbte Dach und die beiden funktionellen Türen etwas höher als bei den vorangegangenen Wagen. Mit den bisherigen Erfahrungen im Rücken und der nötigen Unterstützung durch die folgende Bauanleitung, ist der erfolgreiche Ausgang dieses Projekts jedoch so gut wie sicher! Das Laufwerk entspricht wiederum

unserer bewährten Einheitsbauweise, so daß ich gleich mit den "erklärungsbedürftigen" Positionen des Wagenkastens fortfahren kann.

Baugruppe E
Wagenkasten

Teil 55 Seitenwand
Wer das Ausschneiden und Glattfeilen der Türöffnungen umgehen will, kann die Wand wahlweise auch aus vier Teilen stumpf zusammenleimen (siehe gestrichelte Trennlinien in Bild

Bild 25 Gedeckter Güterwagen mit geschlossener Schiebetüre.

Bild 26 Die geöffnete Schiebetür gibt hier den Blick auf die "leicht alkoholi- sche" Ladung frei.

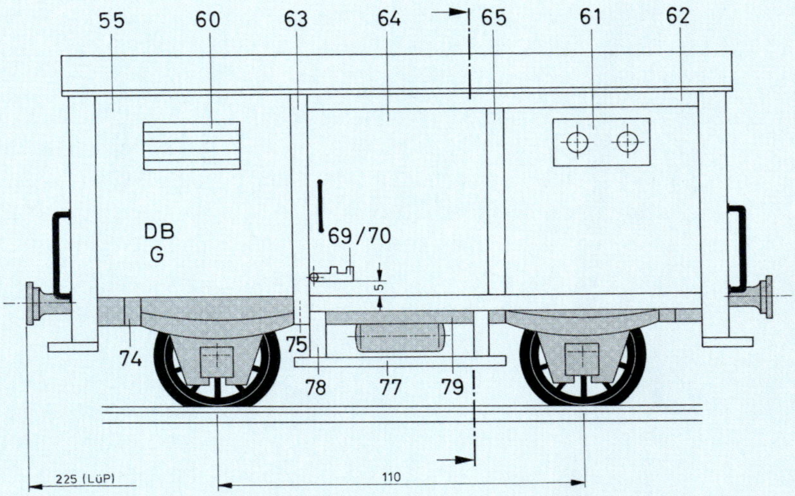

Bild 27 Zusammenbauzeichnung – Seitenansicht. Die dicke, strichpunktier- te Linie mit Richtungspfeilen zeigt Lage und Blickrichtung des Quer- schnitts auf Bild 28 an.

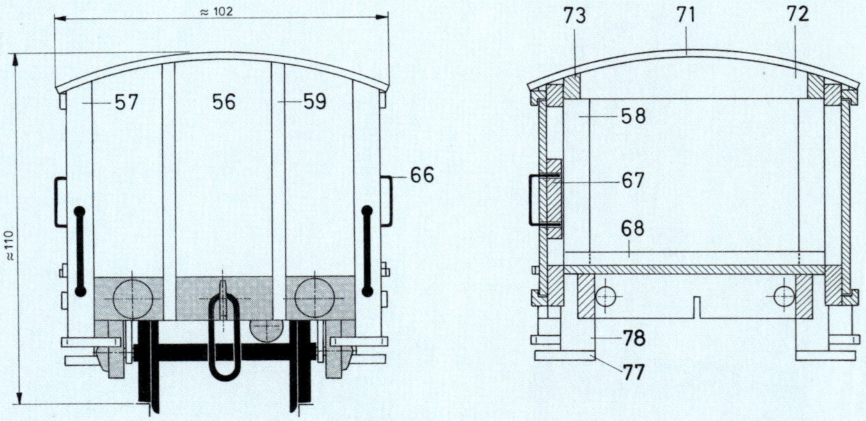

Bild 28 Zusammenbauzeichnung – Stirnansicht und Querschnitt.

Bild 29 Um den Schraubzwingen Halt zu geben, sägt man vor dem Einleimen der Teile 58 ein passendes Druckholz mit prismatischem Ausschnitt zu.

Teileliste für den gedeckten Güterwagen (G-Wagen)

Baugruppe A Laufwerk (siehe Teileliste für O-Wagen)
Baugruppe E Wagenkasten

Teile-Nr.	Stück-zahl	Bezeichnung	Material- und Maßhinweise
17	4	Griffbügel	aus Baugruppe B
18	4	Auftritt	aus Baugruppe B
55	2	Seitenwand	5 mm Sperrholz oder Massivholz
56	2	Stirnwand mit Pufferbohle	6 mm Sperrholz oder Massivholz
57	4	Eckpfosten	8 mm Massivholz bzw. Leiste 8 x 8
58	4	Eckenverstärkung	8 mm Massivholz bzw. Leiste 8 x 8
59	4	Stirnwandprofil	3 mm Massivholz bzw. Leiste 3 x 4
60	10	Gitterstab	3 mm Massivholz bzw. Leiste
61	2	Luke	4 mm Massivholz oder Sperrholz
62	2	Türschiene	5 mm Profilholz oder Leiste 1,5 x 5 und Leiste 3,5 x 3,5
63	2	Türanschlag	3 mm Massivholz bzw. Leiste 3 x 5
64	2	Türe	3 mm Sperrholz
65	2	Türanleimer	3 mm Massivholz bzw. Leiste 3 x 5
66	2	Türgriff	1,2 bis 1,5 mm Messing- oder Stahldraht
67	2	Griffutter	4 mm Massivholz bzw. Leiste 4 x 6
68	2	Abstandsleiste	5 mm Massivholz bzw. Leiste 5 x 10
69	2	Sicherungshaken	1,5 mm Massivholz (Furnierholz)
70	2	Bolzenattrappe	1 mm Massivholz (Furnierholz)
71	1	Dachdecke	3 Lagen Furnierholz
72	4	Dachträger	5 mm Sperrholz oder Massivholz
73	2	Dachleiste	5 mm Massivholz bzw. Leiste

Fortsetzung Seite 31

30). Die Verbindungsstellen müssen aber wirklich fugenlos zusammenpassen, sonst leidet die Stabilität darunter.

Teil 56 Stirnwand
Teil 57 Eckpfosten
Teil 59 Stirnwandprofil

Das genaue Längenmaß der anzusetzenden Teile 57 und 59 ergibt sich zwangsläufig aus ihrer Lage auf der Stirnwand (siehe Teilezeichnung). Am besten mit etwas Reserve zuschneiden, so daß für spätere Anpassungsarbeiten im Bereich des Dachanschlusses ein ausreichender Spielraum verbleibt. Teile noch nicht zusammenleimen!

Teil 58 Eckenverstärkung

Damit die Leisten ihrer Aufgabe wirklich gerecht werden, müssen sie vor allem exakt rechtwinklig sein. Eine Kante leicht brechen, damit später der Wandkontakt nicht durch Unebenheiten im Bereich der Wagenkastenecken unterbrochen wird. Zur Einbautechnik siehe Bild 29.

Teil 60 Gitterstab

Hier haben wir es bereits mit einer kleinen, selbständigen Baugruppe zu tun. Die abgeschrägten Profilleistchen entstehen auf folgende Weise:

● Eine 3 mm dicke, nicht zu schmale Leiste gemäß Zeichnung an einer Kante abschrägen. Am besten geht das maschinell, mit der bereits am Anfang erwähnten stationären Stichsäge bzw. dem Tellerschleifer. Natürlich muß der Arbeitswinkel bei beiden Geräten einstellbar sein. Auch mit einer Schleifleiste oder Flachfeile läßt sich ganz gut arbeiten, sofern für ausreichende Führung gesorgt ist (z.B. mitaufgespannte Anschlagleiste).

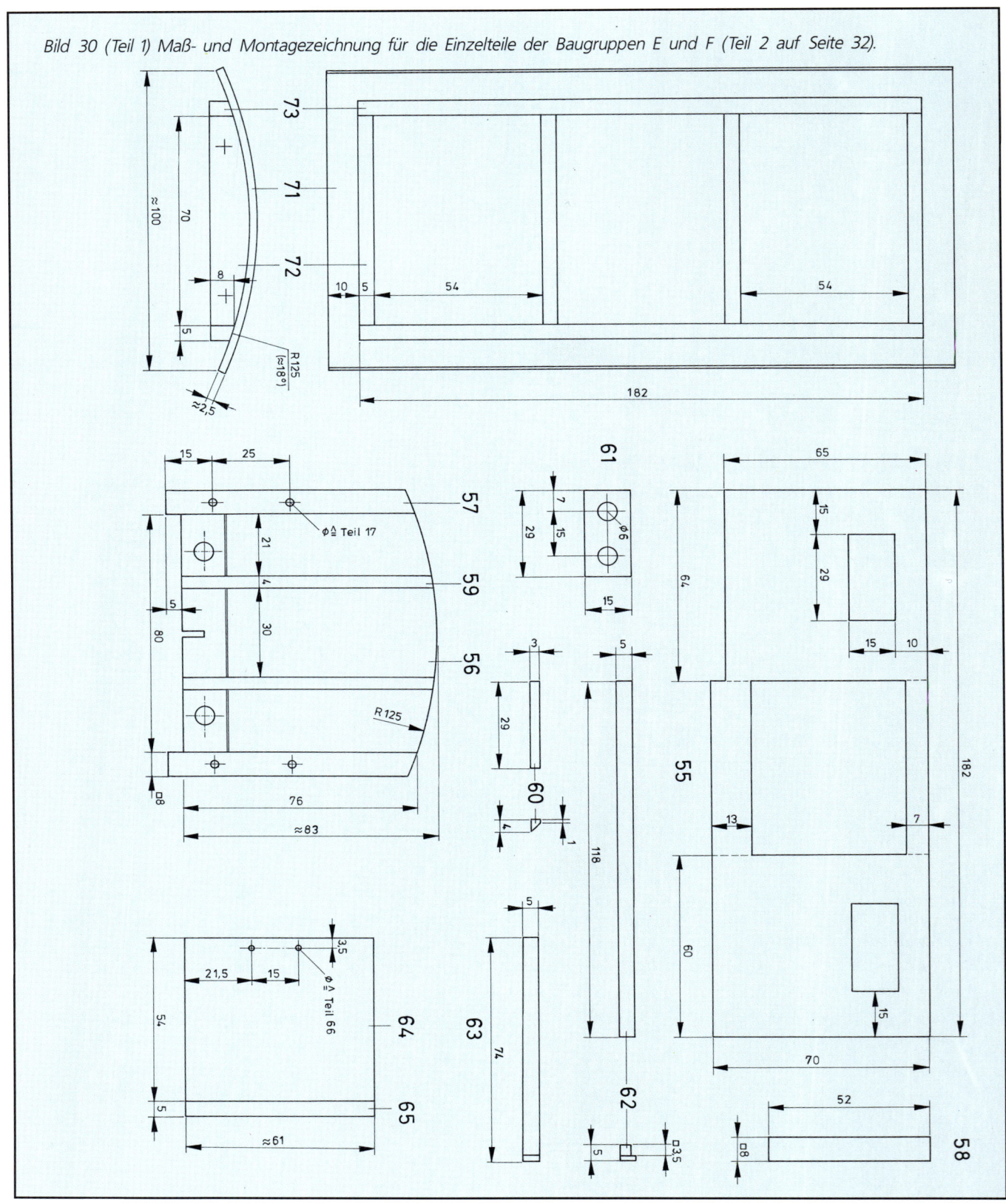

Bild 30 (Teil 1) Maß- und Montagezeichnung für die Einzelteile der Baugruppen E und F (Teil 2 auf Seite 32).

Fortsetzung von Seite 29

Teileliste für den gedeckten Güterwagen (G-Wagen)

Baugruppe F Chassis

Teile-Nr.	Stück-zahl	Bezeichnung	Material- und Maßhinweise
19	1	Bodenplatte	aus Baugruppe C, Maß c = 182
20 A	2	Seitenwange	aus Baugruppe C, Maß d = 182; Maß e = 110
20 B	4	Achshalter	aus Baugruppe C
21	2	Stirnseite	aus Baugruppe C, Maß g = 62
22	2	Schürze	aus Baugruppe C, Maß h = 44
23	4	Federpaket	aus Baugruppe C
25	4	Lagergehäuse	aus Baugruppe C
26	4	Puffer	aus Baugruppe C
27	4	Pufferteller	aus Baugruppe C
28	1	Unterboden	aus Baugruppe C, Maß f = 94
29	2	Querträger	aus Baugruppe C
30	1	Längsträger	aus Baugruppe C auf 54 mm verkürzt
31	1	Luftbehälter	aus Baugruppe C
32	2	Sicherungsleiste	aus Baugruppe C
74	6	Stütze schmal	4 mm Massivholz bzw. Leiste 4 x 5
75	2	Stütze breit	5 mm Massivholz
76	2	Anschlag	3 mm Massivholz
77	2	Trittbrett	3 mm Massivholz
78	4	Trittbretthalter	5 mm Massivholz bzw. Leiste 5 x 10

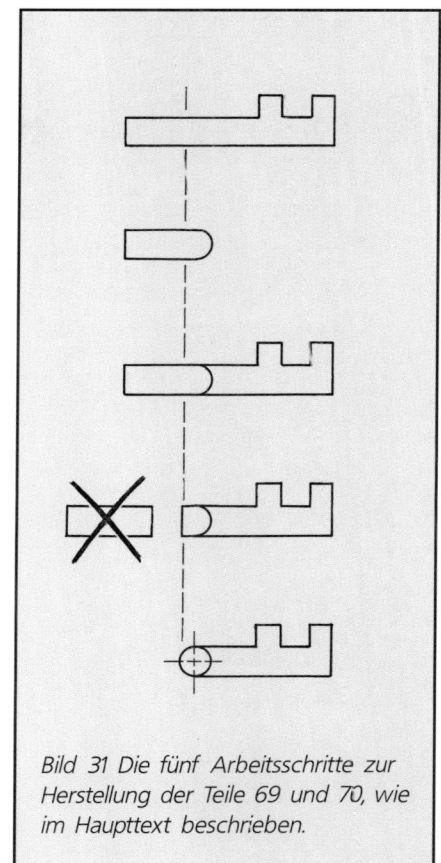

Bild 31 Die fünf Arbeitsschritte zur Herstellung der Teile 69 und 70, wie im Haupttext beschrieben.

● Abgeschrägte Leiste auf 4 mm Breite schneiden.
● Die einzelnen Stäbe mit reichlich Zugabe abtrennen.

Nun zeichnet man auf ein Furnierstück einen 15 x 29 mm großen Hilfsrahmen und legt die einzelnen Stäbe mit ihrer 3 mm breiten Kante darauf. Ist der zusammengerückte Stapel wenig breiter als 15 mm, so kann dem später leicht abgeholfen werden; ist er dagegen schmäler, muß man die Stäbe mit etwas "Luft" gleichmäßig verteilen. Das Ganze war jetzt eine "Trockenübung", um ein Gefühl für's bevorstehende Auf-

kleben zu bekommen. Hierzu eignet sich übrigens am besten gewöhnlicher Uhu, wegen der längeren Korrekturzeit. Erst wenn die Klebestellen wirklich hart sind, wird das rechteckige Paket vorsichtig mit der Laubsäge ausgeschnitten und durch Beschleifen der Kanten in den jeweils linken Ausschnitt von Teil 55 eingepaßt.

Teil 62 Türschiene
Weil kaum jemand die Möglichkeit haben dürfte, ein solch feines L-Profil selbst zu fräsen, wird die Schiene (wie auch in der Zeichnung angedeutet) aus zwei Leisten zusammen-

geleimt. Die Schenkel kantengenau zusammenzufügen ist allerdings auch wieder nicht so einfach; gehen Sie am besten folgendermaßen vor: Beide Leistenstücke in der Dicke (3,5 bzw. 1,5 mm) genau zurichten, in der Breite aber jeweils etwa 1 mm zugeben. Wenn man die Teile nun aufeinanderleimt, braucht die gemeinsame Außenkante noch nicht ganz bündig sein. Wichtig ist, daß keine Leimreste im Innenwinkel verbleiben, sonst klemmt später die Schiebetür. Durch kontrolliertes Abschleifen kann die Schiene nun (fast!) mühelos in die endgültige Form gebracht werden.

Teil 63 Türanschlag
Mit Längenreserven zuschneiden. Die Abschrägung, ohne Maßangabe

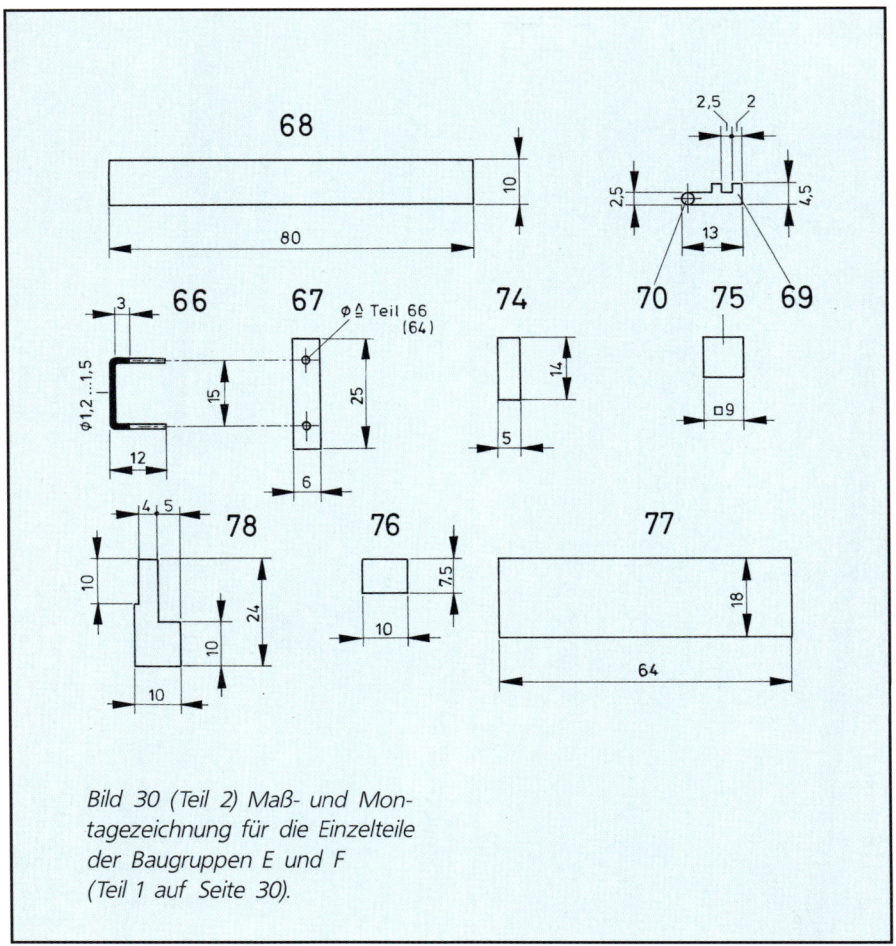

Bild 30 (Teil 2) Maß- und Montagezeichnung für die Einzelteile der Baugruppen E und F (Teil 1 auf Seite 30).

in der Zeichnung, wird erst bei der späteren Montage festgelegt.

Teil 64 Tür
Teil 65 Türanleimer
Teil 67 Griffutter

Das Türblatt darf keinesfalls verzogen sein; der Anleimer muß stoßfrei daransitzen (verbundene Teile ggf. nachschleifen). Griffutter (dient zur Verstärkung der Griffbefestigung) mit 0,5 mm Randabstand hinter das Türblatt klemmen und beide Teile gemeinsam bohren.

Teil 68 Abstandsleiste

Nicht zu knapp zuschneiden, muß im Verlauf der Wagenkastenmontage eingepaßt werden.

Teil 69 Sicherungshaken
Teil 70 Bolzenattrappe

Eine praktikable Methode zur paarweisen Herstellung ist auf Bild 31 skizziert. Hier die einzelnen Arbeitsschritte, in der Zeichnung von oben nach unten betrachtet:

1. Teil 69 mit verlängertem Schaft zuschneiden (ca. 5 mm links von der gestrichelten Linie).
2. Teil 70 zuerst als Leistchen mit einem halbkreisförmigen Ende zuschneiden.
3. Teil 70 auf Teil 69 leimen.
4. Überstand absägen.
5. Das gekürzte Ende so abrunden, daß das Teil 70 kreisförmig wird. Die Bestandteile des Wagendachs (Teile 71, 72 und 73) werden im

Rahmen einer eigenen Bearbeitungsgruppe später beschrieben.

Zusammenbau des Wagenkastens

Gleich zu Beginn komplettieren wir die beiden identischen Seitenwände. Teile 60 und 61 an die jeweils richtige Stelle setzen, Rückseiten plan mit der Innenwand. Teile 63 "konturenscharf" neben den Türausschnitt leimen; unterer Überstand (bezogen auf das mittlere Wandteil) 4 mm. Die Türschienen 62 werden auf folgende Weise angebracht (siehe auch Bild 32):

● Erste Schiene, bündig mit der Unterkante der Seitenwand, anleimen. Als Anschlag bzw. Kippschutz beide Türen, mit zusätzlichen Pappstreifen zum Ausgleichs des Spiels, darunterklemmen und gegen Verrutschen sichern.

● Obere Schiene ebenfalls mit Hilfe beider Türen (diesmal auch noch als Abstandslehren) plazieren. Damit das erforderliche Schiebespiel eingehalten wird, zusätzlichen, 3 mm breiten Pappstreifen an die obere Türkante legen.

● Zum Anpressen entweder eine Spannvorrichtung oder mehrere Klammern benutzen.

Zwischendurch die Teile 69 und 70 auf das Türblatt leimen. Bevor beide Türen endgültig eingesetzt werden, müssen sie, ebenso wie die vorgefertigten Seitenwände, beidseitig oberflächenbehandelt sein. Linke und rechte Seitenkanten der Wände sowie die rückseitigen Befestigungsstellen von Teil 67 an den Türen, vorher mit Klebefilm abdecken. Lackansammlungen innerhalb der Türschienen vermeiden! Sobald die Oberflächen vollständig durchgetrocknet sind, die Türen einschieben und auf Gängigkeit prüfen – jetzt kann man noch ein letztes Mal nacharbeiten. Teile 66 und 67 einkleben bzw. anleimen. Nun können die Eckpfosten mit den Seitenwänden zusammengesetzt werden (Abdeckstreifen entfernen, eventuelle Lackreste vollständig abschleifen). Beim Zusammenspannen unbedingt darauf achten, daß sich die Wände nicht hochbiegen können; sie würden das mit Sicherheit nicht überleben! Zur Maßsituation: Die Eckpfosten stehen gegenüber den Wandteilen am unteren Ende um 14 mm (links) bzw. um 9 mm (rechts) vor. Sicherheitshalber sollte man jetzt einmal alle Kastenteile probeweise mit Hilfe von Gummiringen zusammenfügen, um zu sehen, ob die rechten Winkel stimmen. Sonst müßte (leider mit Maßverlust) nachgeschliffen werden. Nach erfolgreicher Kontrolle Seiten- und Stirnwände zusammenleimen. Im Innenraum fehlen noch die Teile 58 und 68; sie stehen bzw. liegen auf dem Wagenboden auf, und werden daher erst nach Fertigstellung der Baugruppe F eingeleimt (siehe hierzu auch die Bilder 28, 29 und 33). Verbindungsstellen im Wagenkasten zu gegebener Zeit anschleifen.

Die Dachbaugruppe

Beim Zuschneiden der Dachleisten (Teil 73) kann man ähnlich verfahren, wie schon bei Teil 60 beschrieben. Wegen des unterschiedlichen Holzgefüges kommt es manchmal vor, daß sich die mühsam abgeschrägten Leisten nach dem Längsschneiden verziehen. Solange es sich um eine leichte Durchbiegung in der Horizontalen handelt, ist das noch nicht so schlimm. Bei echtem Verzug oder vertikaler Durchbiegung hilft dagegen nur eins: wegwerfen und nochmals versuchen –

Bild 32 So werden die Türschienen mit den im Text beschriebenen Hilfsmitteln angeleimt.

Bild 33 Der Blick ins Innere des fertigen Wagenkastens zeigt u.a. die Lage der Eckenverstärkungen (58), des Griffutters (67) und der Abstandsleisten (68).

diesmal vielleicht mit einem Stück Sperrholz! Wenn sich der Erfolg absolut nicht einstellen will (sagen wir, so nach dem dritten Versuch), kann man notfalls die Leisten auch rechteckig lassen und nach dem Anleimen abschrägen. Die vier Dachträger (Teil 72) so genau wie möglich aufzeichnen und aussägen. An den beiden angekreuzten Stellen sollen Hilfsbohrungen sitzen, durch die später Gewindestangen, zum

Ausrichten der Teile, gesteckt werden. Diese Bohrungen kann man jetzt schon benutzen, um die Dachträger im Stapel formgleich zu schleifen (z.B. passenden Nagel durchstecken). Jetzt geht es darum, die vorbereiteten Teile zu einem planliegenden, rechtwinkeligen Rahmen zu verbinden. Die Abstände der Teile 72 können, wie schon erwähnt, mit Hilfe von Gewindestangen und Muttern sehr leicht einge-

Bild 35 Die Baugruppe F mit eingesetztem Laufwerk.

stellt und fixiert werden. Wenn nach kritischer Kontrolle feststeht, daß alle Abstände und Winkel stimmen und auch die Dachträger senkrecht stehen, können die Leisten, Verbindung um Verbindung, angeleimt werden. Formkorrekturen kleineren Ausmaßes sind nachher kein Problem: Man kann z.B. den ganzen Rahmen (mit der Wölbung nach unten) der Länge nach unter ständigem "Abwälzen", über einen aufgespannten Schleifpapierbogen ziehen, oder von oben mit einer genügend langen Schleifleiste arbeiten. Letzten Endes kommt es nur darauf an, daß die Bogenform der Dachträger nahtlos über die Leistenkanten läuft. Der Zeitpunkt ist gekommen, um zu probieren, ob der Dachrahmen ohne Gewaltanwendung in den Wagenkasten paßt. Wo's zwängt, kann jetzt noch nachgearbeitet werden – wenn die Dachdecke draufsitzt, ist's zu spät! Bevor die Dachdecke (Teil 71) in Angriff genommen werden kann, muß ein zylindrischer Hilfskörper mit 250 mm Ø gefunden werden. In Frage kommen z.B. ein Schnellkochtopf, ein Einmachtopf oder auch eine Waschpulvertonne. Ist der Durchmesser etwas kleiner, spielt das keine große Rolle; die fertige Dachdecke streckt sich ohnehin noch etwas und wird später ja von dem Gerüst in Form gehalten.

Die Arbeitsschritte:

● Drei Furnierlagen mit reichlicher Maßzugabe vorschneiden.

● Von einem Paketklebestreifen ein gutes Dutzend etwa 5 cm lange Stücke abschneiden und griffbereit an die Tischkante heften.

● Den Hilfszylinder (falls Gebrauchsgegenstand) mit einer Lage Schutzpapier überziehen. Mit Kontaktkleber eine dreischichtige Furnierdecke aufziehen, Kanten mit Klebestreifen

sichern. Faserrichtung der beiden Außenlagen liegt parallel zu den Längskanten, Mittellage quer dazu. Man kann auch alle drei Furnierblätter in Faserlängsrichtung legen; das ist sicher leichter, wirkt sich aber nachteilig auf die Bruchfestigkeit der Seitenkanten aus.

Sobald die Dachdecke genügend fest ist, kann sie abgenommen und mit einem Nudelholz nochmals kurz und kräftig nachgepreßt werden. Jetzt müssen wir darangehen, den fertigen Rahmen auf die Dachdecke zu leimen (oder eben umgekehrt). Das ist freilich leichter gesagt als getan! Aber nach einer vorausgegangenen Trockenübung (um sich zu überzeugen, welche Klammern und Zwingen wo am besten halten) gelingt schließlich auch das. Man muß ja nicht unbedingt den Ehrgeiz haben, die ganze Dachdecke in einem Zug aufzuleimen, sondern kann z.B. erst mit einer Längskante beginnen. Wichtig ist, darauf zu achten, daß die Klammern bzw. Zwingen einen festen Halt haben – um geeignete "Antirutschbeilagen" bzw. provisorische Keile wird man leider nicht herumkommen.

Bild 34 Das fertige Wagendach mit den Montagehilfsbohrungen.

Ist alles gut gegangen, sollte man die beiden Dachflächen gleich satt mit Grundierung einlassen; so wird einmal die Wölbung verfestigt und zum anderen kann das Furnierholz beim Sägen nicht so leicht splittern. Nun die endgültigen Dachränder nach Zeichnung übertragen, mit der Laubsäge vorsichtig trennen und anschließend nachschleifen.

Dachanpassung

Teile 59 anleimen und zusammen mit den Eckpfosten dem Verlauf des Stirnwandbogens angleichen. Teile 63 und gegebenenfalls auch die oberen Türschienenkanten dem Dachkantenverlauf anpassen, also nach Maß abschrägen. Bis das Dach rundherum fugenlos aufliegt, sind sicher noch ein paar weitere Korrekturen (z.B. im Bereich der Stirnwandwölbung) notwendig. Hier sollte man jedoch sehr behutsam und mit Überlegung vorgehen, denn Sie wissen ja: Was weg ist, ist weg! Um die Stabilität des Wagenkastens zu erhöhen, können die Seitenwände ganz zum Schluß (also beim Zusammensetzen der einzelnen Baugruppen) noch mit den Dachleisten verleimt werden.

Bild 36 und 37 Zwei Beispiele, wie man mit einfachen, lediglich symbolhaften Bildern seine gedeckten Güterwagen auch als Kühlwagen für "Südfrüchte" oder "Gefrorenes" dekorieren kann. Wer nach weiteren Malvorlagen sucht, wird bestimmt bei der einschlägigen Werbung fündig.

Baugruppe F Chassis

Wie schon die Teileliste ausweist, konnten auch hier wieder die meisten Positionen, mit zum Teil veränderten Maßen, aus der bereits "legendären" Baugruppe C herübergeholt werden. Die wenigen Unterschiede, welche wirklich von Bedeutung sind, will ich kurz erklären: Die Stirnseiten 21 liegen hier zwischen den Seitenwangen. Damit die Bohrungen nicht ausbrechen können, schneidet man die Teile erst zum Schluß auf die richtige Länge. Die

Anschläge 76 überbrücken beidseitig den freien Abstand zwischen Laufwerk und Chassisstirnseite (ein Zugeständnis an die Einheitsbauweise). Die Lage der Teile ist auf Bild 35 festgehalten. Die Stützen 75 liegen verdeckt hinter den Türanschlägen (Teil 63). Die Trittbretthalter 78 liegen unten auf den Seitenwangen auf und sind, zur Vergrößerung der Leimfläche, zusätzlich zwischen die Schürzen (Teil 22) und die benachbarten Stützen eingeklemmt. Weitere Einzelheiten sind aus der Schnittzeichnung (Bild 28) ersichtlich.

Der hat uns noch gefehlt:
ein zweiachsiger Kesselwagen

Mit zunehmender Bastelerfahrung steigen bekanntlich auch die Ansprüche – und zwar sowohl, was die eigene Arbeit als auch die der Vorlagen betrifft. Der hier ausgewählte Wagen soll dieser Entwicklung Rechnung tragen; er unterscheidet sich von seinen "Vorgängerkollegen" nicht nur rein äußerlich, sondern in ganz erheblichem Maß auch durch seine Konstruktion. Ob's nun der offene Fahrwerksrahmen ist oder die Bremserbühne samt beweglicher Handkurbel – es gibt sicherlich viel Neues zum "Werkeln". Die Zeichnungen und Teilelisten sind wieder, wie

Bild 38 Unser Kesselwagen in fahrfertigem Zustand. Das Markenzeichen stammt aus einem Tankstellenkalender und wurde einfach aufgeklebt. Wer sein Modell bunt lackieren will, kann für den Kessel z.B. auf den Farbton der ausgewählten Mineralölfirma (im vorliegenden Fall gelb) zurückgreifen.

gewohnt, ausführlich: Vier Ansichten und vollständige Teilezeichnungen sollen so viele Worte wie nur möglich sparen.

Baugruppe G Kessel

Teil 80 Kesselmantel

Papprollen, wie sie zur Verpackung bzw. zum Versand von Zeichnungen und größeren Druckerzeugnissen verwendet werden, bekommt man manchmal als "Tara" per Post zugesandt, findet sie gelegentlich im Verpackungsmüll, oder muß sie

sich – ganz regulär – im Fachgeschäft für Zeichenbedarf besorgen. Als Rohmaterial für unseren Kessel eignen sie sich erst, nachdem die Oberfläche mehrmals abwechselnd mit Grundierung getränkt und geschliffen wurde. So reduziert sich die Saugfähigkeit auf ein normales Maß, und gleichzeitig verschwinden die Unebenheiten der Wickellagen. Auf der Innenfläche genügt einmaliges Grundieren, ohne Schleifen. Nach dieser Prozedur kann bereits der Furniermantel aufgezogen werden. Das geht sowohl mit Kontaktkleber als auch mit Holzleim (für den Musteraufbau wurde letzterer

verwendet). Ein kräftiger Filzschreiberstrich, genau in Längsrichtung gezogen, markiert die Stelle, an der das Furnierholz angelegt wird bzw. wo sich beide Endkanten wieder treffen sollen. Ob man beim Furnieren mit etwas Überlappung arbeitet, und den Fugenstoß mit einem Doppelschnitt durch beide Lagen schließt, oder am Ende doch lieber in aller Ruhe ein Stück einpaßt – das bleibt für das Ergebnis von untergeordneter Bedeutung. Im Endzustand liegt die Nahtstelle sowieso unten, wo sie nicht mehr auszumachen ist. Das störende Gegenwölben des Furnierholzes beim Auflei-

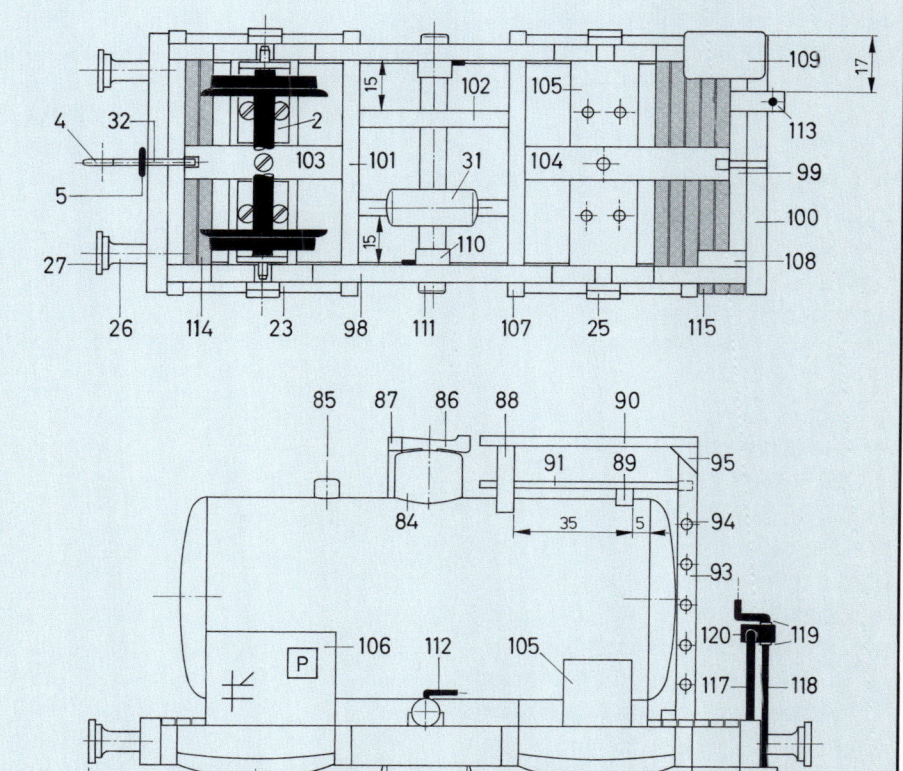

Bild 39 Zusammenbauzeichnung. Um die Sicht auf die darunterliegende Teile freizugeben, wurde die rechte Hälfte der Unteransicht ohne Radsätze und Achslagerwinkel gezeichnet.

men läßt sich übrigens etwas bremsen, indem man vorher das trokkene Blatt um eine Rolle wickelt und satt mit Holzgrundierung einstreicht (mit Bindfaden sichern, erst nach einigen Stunden abnehmen). Der Durchmesser der Rolle darf dabei ruhig etwas kleiner als der des Kessels sein; das Furnier dehnt sich ohnehin wieder. Ist der Überzug geglückt, kann das Rohteil gleich in die endgültige Form gebracht werden. Überstände mit feiner Laubsäge, unter ständigem Drehen, vorsichtig abtrennen; Schnittkanten anschließend sorgfältig glätten (auch am inneren Rand des Zylinders). Die Stirnseiten nochmals mit Grundierung tränken und ein letztes Mal nachschleifen. Beim probeweisen Aufsetzen auf den Tisch muß das Rohr vollkommen senkrecht stehen, es darf am Umfang kein Spalt sichtbar sein!

Achtung: Wegen der unberechenbaren Toleranz des Kessels gilt für alle folgenden Teile: Durchmesserangaben D_a und D_i sind durch den tatsächlichen Außen- bzw. Innendurchmesser des Kessels zu ersetzen!

Teil 81 Kesselstirnwand
Teil 82 Falzscheibe
Teil 83 Einlageholz

Falls Sie sich nicht eine passende Lochsäge besorgen können, müssen die Teile 82 und 83 mit vorhandenem Werkzeug zugerichtet werden. Die Falzscheibe soll satt in den Zylinder passen; die Bohrung (zur Aufnahme des provisorischen Hilfsdorns – in Bild 42 gestrichelt gezeichnet) muß sehr genau zentrisch und senkrecht sitzen. Der Aufspanndorn besteht aus einem Stück Rundholz, dessen Durchmesser etwa der größten Spannweite der vor-

handenen Bohrmaschine entspricht. Um ihn nun exakt senkrecht in die Holzscheibe einleimen zu können, gehen Sie am besten wie folgt vor:
● Auf dem Tischständer ein ausreichend dickes Brett im Durchmesser des Rundholzes bohren.
● Rundholz in die Bohrung drücken, Falzscheibe plan aufliegend darüberschieben und gleichzeitig festleimen.
● Überstehendes Rundholz abfeilen.
Nun werden die zylinderförmig vorgeschnittenen Teile 81 zentrisch auf die Teile 82 geleimt und jede Einheit probeweise in den Kessel gesetzt, um den genauen Verlauf der Zylinderaußenkanten mit Bleistift auf die Stirnwände übertragen zu können (einfach rundum fahren). Wie man

Bild 40 Hilfswerkzeuge zur Herstellung der Teile 83, 84, 88, 89 und 105. Der Schleifzylinder ist aus Sperrholz, der Spanndorn eine Gewindeschraube mit Mutter. Wichtig: Der Schleifpapierstoß darf nicht in Drehrichtung zeigen! In Bildmitte ein bereits geschliffenes Teil 84.

Teileliste für den Kesselwagen

Baugruppe G Kessel

Teile-Nr.	Stückzahl	Bezeichnung	Material- und Maßhinweise
80	1	Kesselmantel	60 mm Papprolle und Furnierholz
81	2	Kesselstirnwand	8 bis 10 mm Massivholz
82	2	Falzscheibe	5 mm Sperrholz
83	2	Einlageholz	20 mm Massivholz (weich)
84	1	Kesseldom	20 mm Rundholz
85	1	Entlüftungsstutzen	8 mm Rundholz
86	1	Verschlußhebel	2,5 mm Massivholz
87	2	Gelenkplatte	1 mm Massivholz
88	1	Handlaufstütze	5 mm Massivholz
89	1	Laufstegsattel	5 mm Massivholz
90	2	Handlauf	3 mm Massivholz bzw. Leiste 3 x 6
91	1	Trittrost (4 Bretter)	2 mm Massivholzleisten oder Sperrholz
92	1	Leiterverbinder	3 mm Massivholz
93	2	Leiterholm	3 mm Massivholz bzw. Leiste 3 x 6
94	5	Sprossen	3 mm Rundholz
95	2	Eckenverstärker	2 mm Massivholz

Fortsetzung Seite 41

die beiden Kesselendstücke am besten in Form bringt, hängt im wesentlichen von den zur Verfügung stehenden Werkzeugen ab. Wer im Besitz einer Drehmaschine oder Drechselausrüstung ist, wird das Problem auf seine Weise lösen. In vielen Fällen muß man sich jedoch mit der Bohrmaschine samt Horizontalständer begnügen – mit einem Provisorium also. Mit der Feile am rotierenden Werkzeug geht es leider mehr schlecht als recht, weshalb ich die folgende Methode empfehle: Während sich das Werkstück langsam in der horizontal befestigten Bohrmaschine dreht, wird eine zweite, handgeführte und schnellaufende Maschine (mit Schleifteller oder Schleifzylinder be-

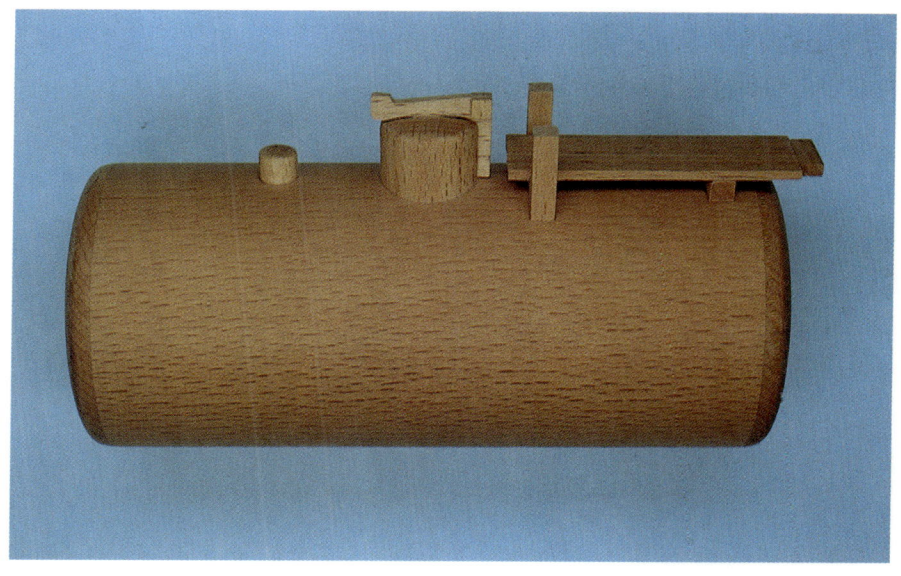

Bild 41 Der fertige Kessel mit seinen Armaturen.

Bild 42 Maß- und Montagezeichnung für die Einzelteile der Baugruppe G; linkes Kesselende teilweise aufgeschnitten.

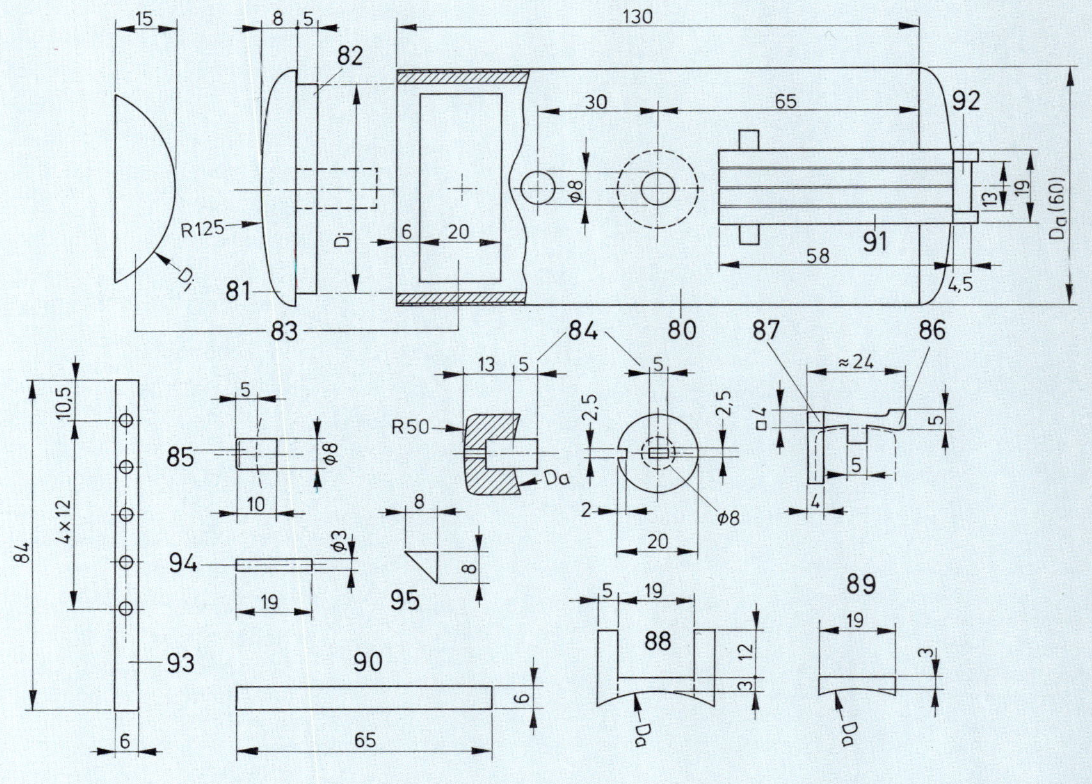

stückt) darangeführt. Durch anschmiegsames Bewegen des Schleifgeräts kann man die Form und den Durchmesser der Teile relativ mühelos "hinbekommen". Der angegebene Zeichnungsradius ist selbstverständlich nur ein Richtwert; wichtig ist, daß beide Teile für's Auge gleich ausfallen. Knapp bevor der Enddurchmesser erreicht ist, soll man die Arbeit abbrechen, damit nach der Montage noch Spielraum "für den letzten Schliff" (mit und ohne Anführungszeichen!) bleibt. Bevor der Kessel unter Mitwirkung von Leim und einer kräftigen Zwinge endgültig verschlossen wird, kommen noch die Teile 83 an ihren Platz. Am besten setzt man sie über die Nahtstelle des Deckfurniers – dort, wo später auch die Befestigungsschrauben eingedreht werden.

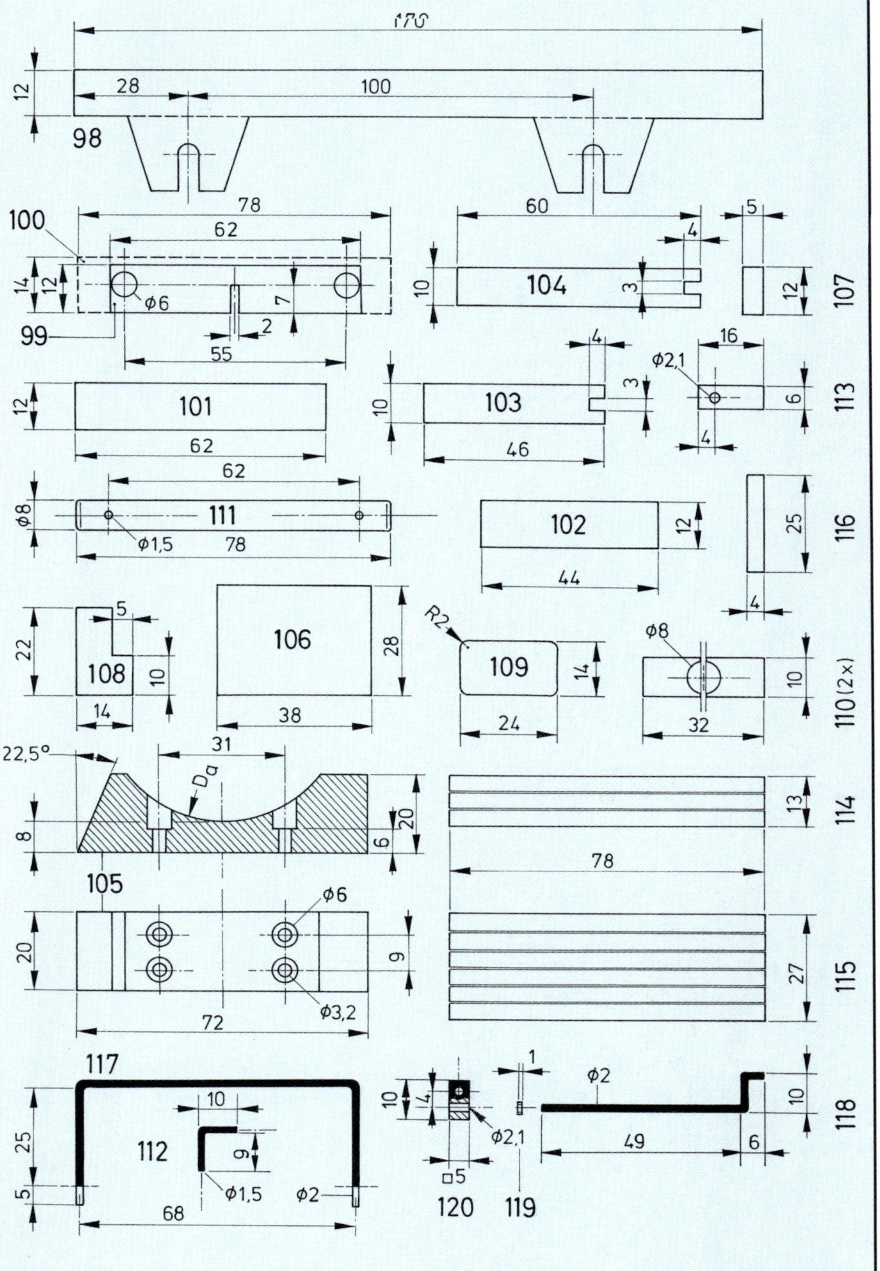

Die restlichen Anbauten

Um bei den Teilen 84, 88 und 89 einen sauberen Formschluß mit dem Kessel hinzubekommen, lohnt sich die Anfertigung eines einfachen Schleifzylinders (wie auf Bild 40 zu sehen). Zum Anbohren des Kesselmantels nur Maschinenholzbohrer mit Zentrierspitze verwenden und als "Splitterschutz" die Bearbeitungsstelle mit kräftigem Klebeband bedecken. Der Bohrer darf nur ganz leicht schaben! Wegen ihrer maßlichen Abhängigkeit von der endgültigen Kesselhöhe sollten die Leiter (Teile 93 und 94) sowie die damit zusammenhängenden Teile 90 und 95 erst im Verlauf der Endmontage fertiggestellt und angebaut werden. Der Trittrost 91, samt Verbinder 92, kann dagegen jetzt schon seinen endgültigen Platz einnehmen. Dieser Bauzustand ist auf Bild 41 festgehalten.

Bild 43 Die Einzelteile der Baugruppe H.

Baugruppe H
Chassis und Laufwerk

Teil 98 Seitenwange mit Achshaltern

Das Chassis ist wegen der aufgesetzten Bremserbühne unsymmetrisch; die Maße der Achshalter entsprechen natürlich wieder den Teilen 20 B aller bisherigen Wagen.

Teil 99 Stirnseite
Teil 100 Pufferbohle

Beide Teile sind übereinanderliegend gezeichnet und werden in gleicher Stellung gemeinsam bearbeitet.

Teil 105 Kesselstütze

Zuerst die Durchgangslöcher (Ø 3,2) und anschließend die Senkungen (Ø 6) bohren. Erst danach den Kesselsitz und die Abschrägung bearbeiten. Für die Endanpassung des Durchmessers D_a am besten wieder den bereits beschriebenen Schleifzylinder einsetzen. Alternativ dazu kann man es auch mit einem handgeführten Schleifkörper versuchen. Vorschlag: Auf eine längere Papprolle (dem Rest des Kesselmantelwerkstoffs) Schleifpapier kleben, die Teile 105 in genügendem Abstand, hintereinander und in einer Linie, auf den Werktisch spannen. Während des Schleifens darf natürlich kein Seitendruck ausgeübt werden, weil sonst die Bogenradien unzulässig groß ausfallen. Der Winkel von 22,5 Grad braucht nicht sklavisch eingehalten werden; beim Einsatz einer Gehrungssäge ergibt er sich aber automatisch (Raststellung für Achteckrahmen).

Teil 106 Anschriftentafel

Sichtseiten der Tafeln feinschleifen, grundieren, nachschleifen und die Beschriftung auftragen. Anschliessend zweimal mit Klarlack (matt oder glänzend, wie später die übrigen Wagenteile) nachbehandeln. Das Anschriftengitter ist aus den Randstreifen des verwendeten Letrasetbogens entstanden. Die restlichen Teile bedürfen keiner weiteren Erklärung. Sollten vereinzelt Interpretationsschwierigkeiten beim "Lesen" der Einzelteilzeichnungen auftreten,

Fortsetzung von Seite 38

Teileliste für den Kesselwagen

Baugruppe H Chassis und Laufwerk

Teile-Nr.	Stückzahl	Bezeichnung	Material- und Maßhinweise
2	4	Achslagerwinkel	aus Baugruppe A
3	2	Radsatz	aus Baugruppe A
4	2	Zughaken	aus Baugruppe A
5	2	Kupplungsbügel (Öse)	aus Baugruppe A
23	4	Federpaket	aus Baugruppe C
25	4	Lagergehäuse	aus Baugruppe C
26	4	Puffer	aus Baugruppe C
27	4	Pufferteller	aus Baugruppe C
31	1	Luftbehälter	aus Baugruppe C
32	2	Sicherungsleiste	aus Baugruppe C
98	2	Seitenwange mit Achshaltern	5 mm Massivholz
99	2	Stirnseite	5 mm Massivholz (zusammen mit Teil 100 bearbeiten)
100	2	Pufferbohle	6 mm Massivholz
101	2	Querträger	5 mm Massivholz bzw. Leiste 5 x 12
102	2	Längsträger	5 mm Massivholz bzw. Leiste 5 x 12
103	1	Hauptträger kurz	10 mm Massivholz bzw. Leiste 10 x 10
104	1	Hauptträger lang	10 mm Massivholz bzw. Leiste 10 x 10
105	2	Kesselstütze	20 mm Massivholz
106	2	Anschriftentafel	3 mm Sperrholz
107	8	Stütze	4 mm Massivholz bzw. Leiste 4 x 5
108	2	Trittstufenhalter	6 mm Massivholz
109	2	Auftritt	3 mm Massivholz
110	2	Rohrhalter	5 mm Massivholz bzw. Leiste 5 x 10
111	1	Abfüllrohr	8 mm Rundholz
112	2	Absperrhahn	1,5 mm Messing- oder Stahldraht
113	1	Spindellager unten	5 mm Massivholz
114	1	Trittrost schmal (3 Bretter)	2 mm Massivholzleisten oder Sperrholz
115	1	Trittrost breit (6 Bretter)	2 mm Massivholzleisten oder Sperrholz
116	1	Widerlager	3 mm Massivholz bzw. Leiste 3 x 4
117	1	Bühnengeländer	2 mm Messing- oder Stahldraht
118	1	Bremsspindel	2 mm Messing- oder Stahldraht
119	2	Stellringe	Rohr oder Drahtring mit 2 mm Innendurchmesser
120	1	Spindellager oben	5 mm Vierkantmessing oder Alu
	8	Zylinderschrauben	M 3 x 12 verzinkt
	2	Rundkopfholzschrauben	3 x 30 verzinkt

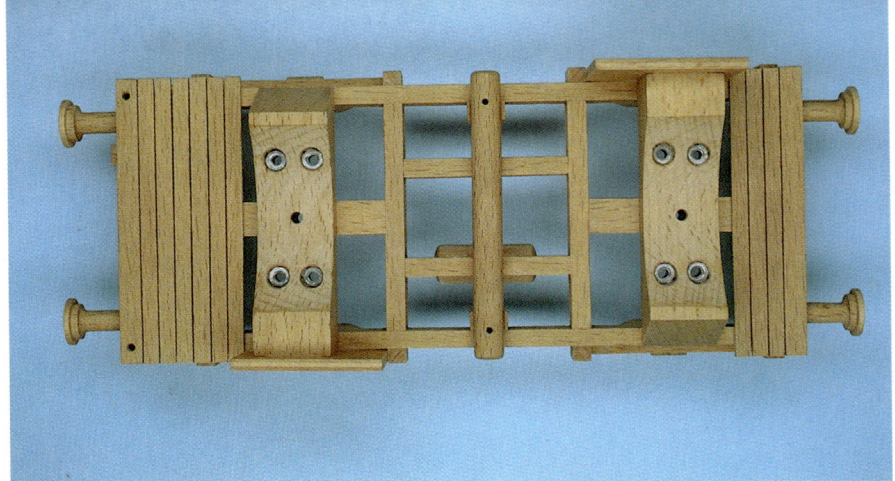

Bild 44 Baugruppe H in vormontiertem Zustand (Draufsicht). Die acht Muttern für die Achslagerbefestigung sind bereits eingezogen.

Bild 45 Unteransicht der Baugruppe H, im gleichen Baustadium wie auf Bild 44.

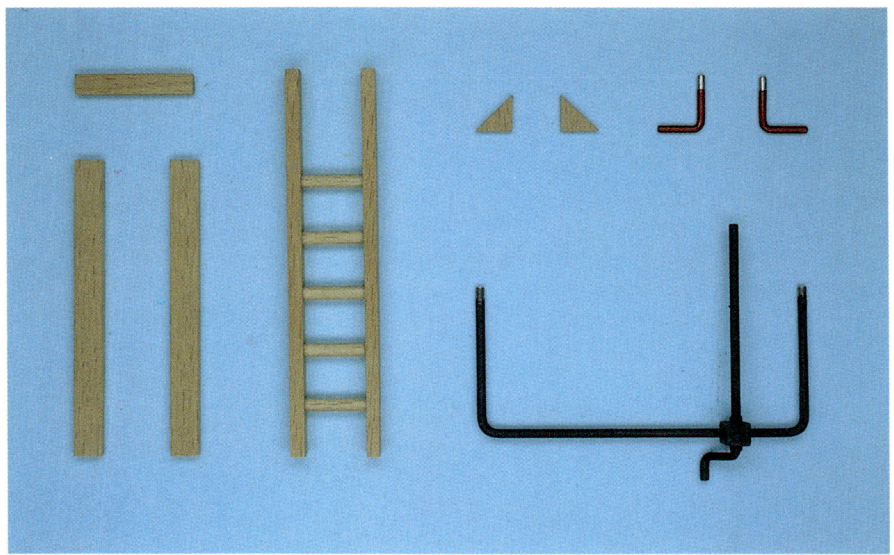

Bild 46 Die restlichen Anbauteile, gruppenweise vormontiert.

hilft meist ein Blick auf die Fotos oder das Studieren der Zusammenbauzeichnung.

Zusammenbau

Auch an dieser Stelle möchte ich nur mehr auf einige Besonderheiten eingehen.

Der Chassisrahmen muß vollkommen eben und spannungsfrei geraten; verzogene oder schief geschnittene Teile am besten gleich aussondern. Die Kesselstützen 105 stehen wechselseitig auf den Seitenwangen auf, und zwar genau über den Achslagern, und bündig mit den Rahmenaußenkanten. Die Anschriftentafeln 106 sitzen beidseitig an den senkrechten Flächen der Teile 105, die linke Seitenkante schließt am jeweiligen Trittrost (Teile 114/115) an. Die Achslager lassen sich mit Gewindeschrauben M 3 x 12 an den Kesselstützen befestigen, nachdem dort Sechskantmuttern in die Senkungen gepreßt wurden (zu sehen auf Bild 44). Zur Verbindung des Spindellagers 120 mit dem Geländer 117 sowie der beiden Stellringe 119 mit der Bremsspindel 118, eignet sich Metallkleber.

Kesselbefestigung

Wie in der Unteransicht auf Bild 39 eingezeichnet, zunächst die bereits montierten Teile 103/105 bzw. 104/105 gemeinsam durchbohren (Ø 3,5). Den Kessel genau ausrichten (evtl. mit Gummibändern sichern) und die Befestigungsbohrungen durchzeichnen. Markierte Stellen am Kessel vorstechen und geringfügig vorbohren. Kessel, unter Leimzugabe, auf die Stützen setzen und die beiden Holzschrauben eindrehen.

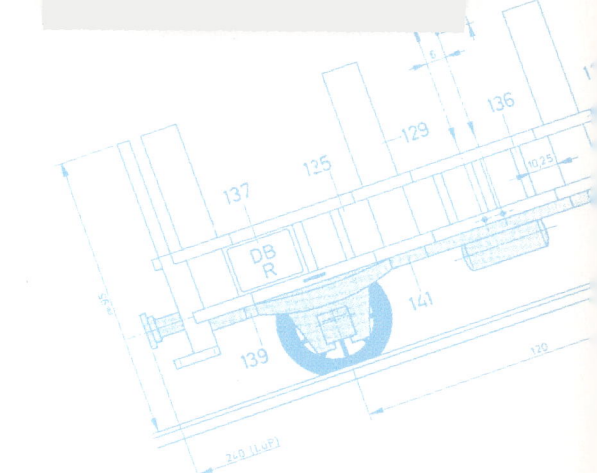

Der fünfte im Bunde: ein Rungenwagen

Bild 47 Rungenwagen, mit Trinkhalmen beladen. Ein Modellbauer würde das Ladegut vielleicht so definieren: "Rohre für eine Cola-Pipeline"!

Stieg der Schwierigkeitsgrad bisher von Mal zu Mal leicht, aber stetig an, so lassen wir ihn für diesmal wieder jäh abfallen – sozusagen als Entspannungsphase vor dem noch bevorstehenden, letzten Kraftakt! Beim Blättern durch die Seiten wer-

den Sie vielleicht schon festgestellt haben: Es gibt zu diesem R-Wagen keine Einzelteilzeichnungen. Das bedeutet nicht mehr und nicht weniger, als daß fast alle neuen Teile von rein rechteckigem Grundriß sind, also wegen ihrer Einfachheit ausreichend genau auch in der Teileliste beschrieben werden konnten. Das klingt doch schon etwas ermutigend, nicht wahr? Nachdem sich bei den meisten von uns inzwischen wohl eine Menge an Erfahrungen im "Waggonbau" angesammelt hat, haben Sie sicher nichts dagegen, wenn ich den Umfang der folgenden Beschreibung "bedarfsangepaßt" verfaßt habe.

Bei der Baugruppe A, dem Laufwerk, gibt es eine kleine Variante. Kurz gesagt: alles wie gehabt, nur mit dem Unterschied, daß diesmal sowohl der Achsstand als auch die Gesamtlänge größer als bei den ersten drei Wagen ausgefallen sind (was im übrigen auch der Vorbildsituation entspricht). Im Bereich des Laufwerks wirkt sich das lediglich bei der Grundplatte (Teil 1) aus; beachten Sie also bitte die Maßangaben in der Teileliste.

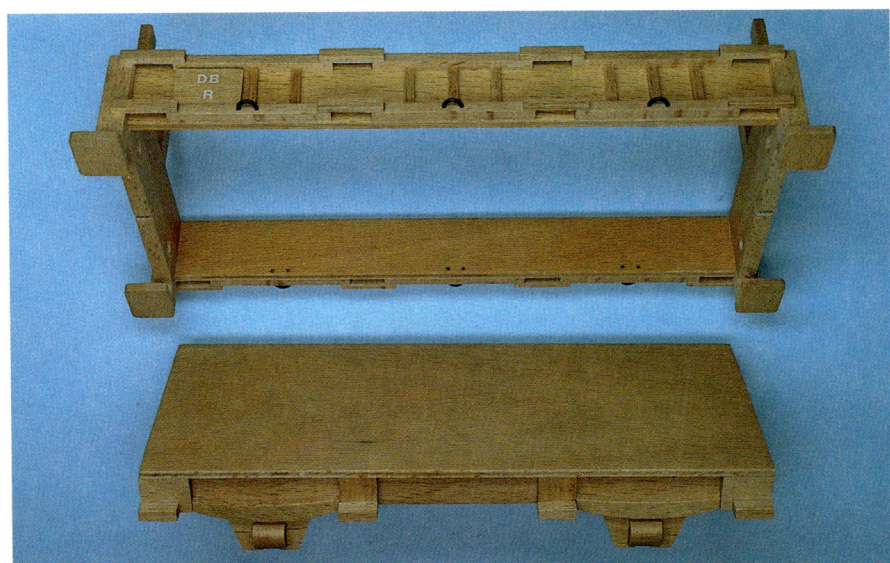

Bild 48 Wagenkasten und Chassis in jeweils montagefertigem Zustand.

Baugruppe K
Wagenkasten

Der Kastenrohbau

Teile 126 und 127 auf planer Unterlage zusammenleimen – Pufferbohle steht gegenüber Stirnwand um 2 mm vor. An den gemeinsamen Seitenkanten darf kein Stoß fühlbar sein, sonst nachschleifen. Pufferbohrungen und Kupplungsschlitz in dem Teileverbund 126/127 und in der Chassisstirnseite gemeinsam herausarbeiten (siehe auch Hinweis in der Teileliste). Die Wandteile mit den Eckpfosten so zusammenleimen, daß alle Oberkanten bündig sind (stumpfe Verbindung, genau wie beim O-Wagen). Die vorstehende Seite der Pufferbohle zeigt nach außen. Der fertige Rahmen muß schließlich in seiner lichten Weite den Außenmaßen der Bodenplatte (Teil 19) entsprechen.

Rungen und Aufleistungen

Stirn- und Seitenrungen zuschneiden und fertigschleifen (sie werden sogleich als Abstandshalter bzw. als Lehren für die Gurtleisten benötigt). Teile 131, 132 und 133 vorschneiden und bei aufgelegten Rungen einpassen. Die Leisten kommen auf die Seitenflächen der Wandteile, jeweils bündig mit deren Ober- bzw. Unterkante. Die Stirnrungen sitzen stramm zwischen den Leisten 132 und 133, während die steckbaren Seitenrungen sowohl in der Breite als auch in der Tiefe etwas Luft haben müssen.

Achtung: In der Maßtabelle konnte der Spielraum, wegen der unvermeidlichen Bearbeitungstoleranz, nicht berücksicht werden!

Wichtig ist fernerhin, daß untereinanderliegende Teile 131 nicht unterschiedlich lang oder versetzt sind; die eingesteckten Rungen würden sonst einen ziemlich schiefen Eindruck hinterlassen. Ist die Anpassung gelungen, sollte man die Positionen der einzelnen Leisten bis zum Anleimen markieren (z.B. feiner Bleistiftstrich an der Unterseite, quer über Wand und Leiste). Nach dieser Vorbereitungsarbeit werden sämtliche Gurtleisten, die Stirnrungen sowie die Rungenhalter an ihren Platz geleimt. Zum Anpressen sind kleine Leimzwingen oder kräftige Wäscheklammern nützlich.

Teil 138 Zurröse

Drahtstücke über passenden Dorn biegen und auf genaue Länge schneiden (siehe Bild 49). Den ermittelten Schenkelabstand auf die unteren Gurtleisten übertragen und anschließend durchgehende Befestigungslöcher bohren. Ösen im sichtbaren Bereich bei Bedarf lackieren; eingeklebt werden sie erst nach der Endbehandlung des Wagenkastens.

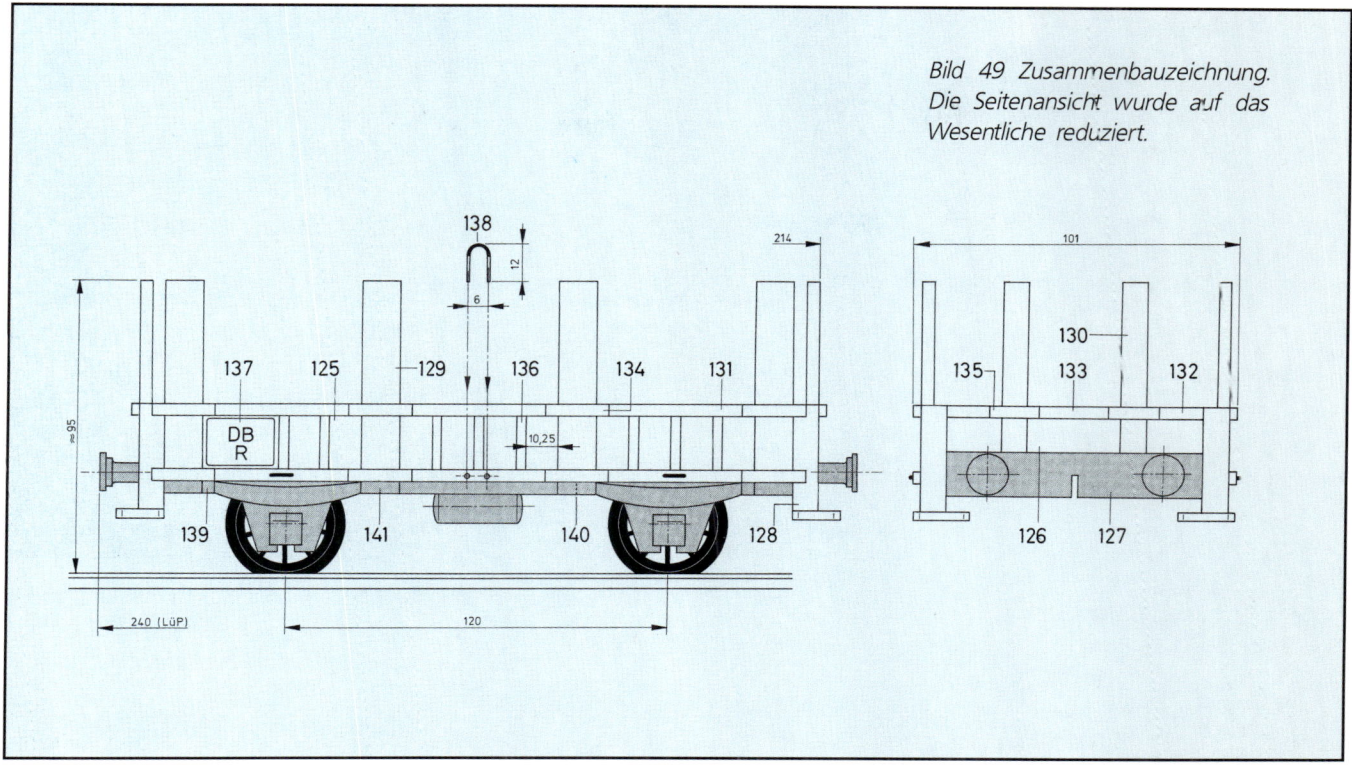

Bild 49 Zusammenbauzeichnung.
Die Seitenansicht wurde auf das
Wesentliche reduziert.

Teil 136 Profilstab

Damit die Stäbe nicht schief und in unregelmäßigen Abständen sitzen, empfehle ich Ihnen, sich eine primitive Leimschablone anzufertigen. Ein rechteckiges Pappstückchen mit 10,2 mm Breite zuschneiden und darauf ein kleines Holzstückchen als Griff kleben, schon ist das Hilfsmittel fertig.

Teil 137 Anschriftentafel

Die Ecken brauchen nicht unbedingt, wie in der Zeichnung angedeutet, abgerundet zu werden. Wenn Sie erlauben: Mir gefielen die paar Rundungen an diesem sonst so "eckigen Kasten"! Nun von der Nebensächlichkeit wieder zur Sache. Sichtseiten der Plättchen, wie bereits in der Beschreibung des Kesselwagens aufgezeigt, beschriften und mit Lack überziehen. Sobald die Teile nicht mehr berührungs-

Teileliste für den Rungenwagen (R-Wagen)

Baugruppe A Laufwerk siehe Teileliste für O-Wagen
Maß a = 187; Maß b = 120

Baugruppe K Wagenkasten

Teile-Nr.	Stückzahl	Bezeichnung	Abmessungen in mm L	B	S
125	2	Seitenwand	198	25	4
126	2	Stirnwand	80	15	4
127	2	Pufferbohle	80	14	6
		zusammen mit Teil 21 bearbeiten; Pufferbohrungen und			
		Kupplungsschlitz wie bei Teil 7			
128	4	Eckpfosten	34	8	8
129	8	Seitenrunge	65	12	4
130	4	Stirnrunge	55	8	4
131	12	Gurtleiste Seitenwand	50	4	4
132	4	Gurtleiste Stirnwand	18	4	4
133	2	Gurtleiste Stirnwand	28	4	4
134	16	Rungenhalter Seitenwand	20	4	2,5

Fortsetzung Seite 46

Fortsetzung von Seite 45

135	4	Rungenhalter Stirnwand	16	4	2,5
136	16	Profilstab	17	3	2
137	2	Anschriftentafel	21	15	3
138	6	Zurröse	Draht 1 bis 1,2 mm		
18	4	Auftritt	aus Baugruppe B		

Materialhinweis: Teile 125, 126 und 137 Sperrholz oder Massivholz; alle übrigen Teile Massivholz bzw. Leisten

Baugruppe L Chassis

Teile- Nr.	Stück- zahl	Bezeichnung	Material- und Maßhinweise
19	1	Bodenplatte	aus Baugruppe C, Maß c = 198
20 A	2	Seitenwange	aus Baugruppe C, Maß d = 198; Maß e = 120
20 B	4	Achshalter	aus Baugruppe C
21	2	Stirnseite	aus Baugruppe C, Maß g = 62
23	4	Federpaket	aus Baugruppe C
25	4	Lagergehäuse	aus Baugruppe C
26	4	Puffer	aus Baugruppe C
27	4	Pufferteller	aus Baugruppe C
28	1	Unterboden	aus Baugruppe C, Maß f = 104
29	2	Querträger	aus Baugruppe C
30	1	Längsträger	aus Baugruppe C, jedoch Länge 57!
31	1	Luftbehälter	aus Baugruppe C
32	2	Sicherungsleiste	aus Baugruppe C
139	4	Stütze breit	16 x 14 x 4 mm Massivholz
140	4	Stütze schmal	12 x 14 x 4 mm Massivholz
141	8	Anschlagleiste	12 x 5 x 4 mm Massivholz

empfindlich sind, an die vorgesehenen Stellen leimen. Fehlen noch die vier Eckauftritte. Wie sie zweckmäßig befestigt werden, bedarf sicher keiner Wiederholung.

Baugruppe L Chassis

Auch hier bewegen wir uns wieder auf vertrautem Boden. Ein Blick in die Teileliste verrät bereits, daß die meisten Positionen aus der "Anfangszeit" (Baugruppe C) stammen. Die verbindlichen Angaben zu allen variablen Maßen finden Sie wieder, wie gewohnt, in der rechten Hinweisspalte. Die Stirnseiten (Teil 21) liegen, wie auch auf Bild 50 zu erkennen ist, zwischen den Seitenwangen und nicht etwa davor!

Stützen und Anschlagleisten

Die folgenden Arbeiten lassen sich am besten bei aufgesetztem Wagenkasten verrichten. Teile 139 und 140 direkt auf die Rahmenwangen leimen; Position wie in der Übersichtszeichnung (Bild 49) angegeben. Danach die Federpakete dazwischensetzen und zuletzt Anschlagleisten 141 in Hochkantlage auf die Stützen leimen. Die Teile 141 sollen genau in der Verlängerung der Seitenrungen liegen und überdecken die unteren Steckschlitze um etwa 1 mm (Anschlag der Rungen). Bei Unklarheiten hilft Ihnen bestimmt Bild 48 weiter.

Bild 50 Unteransicht der zusammengesetzten Baugruppen A und L.

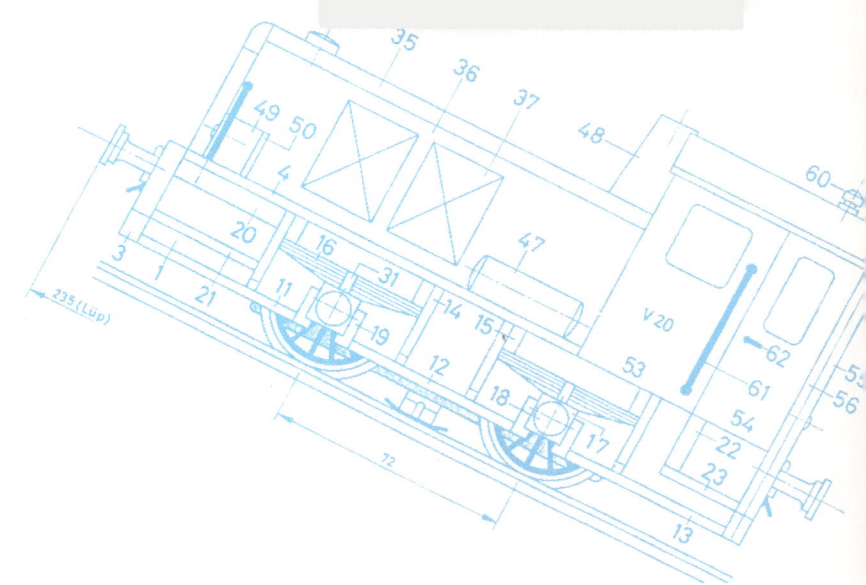

Das Triebfahrzeug:
eine zweiachsige Diesellok

Bild 51 Die Diesellok in schräger Seiten- und Frontalansicht...

Durch die Verwendung eines industriellen Antriebsblocks gestaltet sich der Selbstbau dieses "gewichtigen Gefährts" kaum schwieriger, als von den einzelnen Wagen her gewohnt. Die höhere Zahl der Einzelteile wirkt sich letztlich "nur" auf das Arbeitspensum aus; die Gliederung

Bild 52 ... und hier aus entgegengesetzter Richtung, mit eingeschalteten Schlußleuchten.

in vier Baugruppen soll dabei verhindern, daß der ganze "Haufen" auf einen Schlag hereinbricht und zu dem gefürchteten Stau am Arbeitsplatz führt.

Baugruppe N Vorbau

Die maßlich exakte Abstimmung des Fahrwerks hängt wesentlich davon ab, wie der Vorbau ausgefallen ist – Grund genug, die Baugruppe N vorzuziehen. Für's erste brauchen wir zwei Seitenwände (Teil 36) und die Einlage (Teil 38). Zwischen linker und rechter Wand muß nur unterschieden werden, wenn die gleiche Holzseite jeweils außen liegen soll. Wird der Mittelsteg in Teil 36 ge-

trennt eingesetzt, kommt man mit einem einzigen, großen Durchbruch aus. Das vereinfacht sogar die Einpaßarbeit bei den Teilen 37, weil die Stegbreite ganz zum Schluß individuell festgelegt werden kann. Die Bohrung D10 muß sich später bezüglich der Größe und Lage mit derjenigen in Teil 44 decken; am besten stellen wir sie zurück, bis der Vorbau komplett montiert ist. D6 in Teil 38 entsteht ebenfalls später in einem Zug zusammen mit Teil 35. Die Seitenwände und das Einlageteil müssen so zusammengeleimt werden, daß das Teil 38 keinesfalls oben übersteht, weil sonst die Deckplatte 35 nicht mehr fugenlos daraufpaßt. Mit Sicherheit kommen

Sie ans Ziel, wenn Sie die Einlage geringfügig tiefer setzen und die ganze Oberseite anschließend über einen Schleifpapierbogen ziehen. Natürlich muß dann schon beim Zuschnitt der Bearbeitungszuschlag berücksichtigt werden – aber daran sollte man eigentlich immer denken! Ebenfalls genau bündig muß das Teil 39 ins hintere Ende des Vorbaus eingeleimt werden. D7 wird wiederum später, zusammen mit den Teilen 51/52 gebohrt.

Teil 37 Sickentüre

"Endlich wieder eine neue Herausforderung", werden die einen sagen – "wie soll man denn das anstellen", vielleicht die anderen. Aus eigener

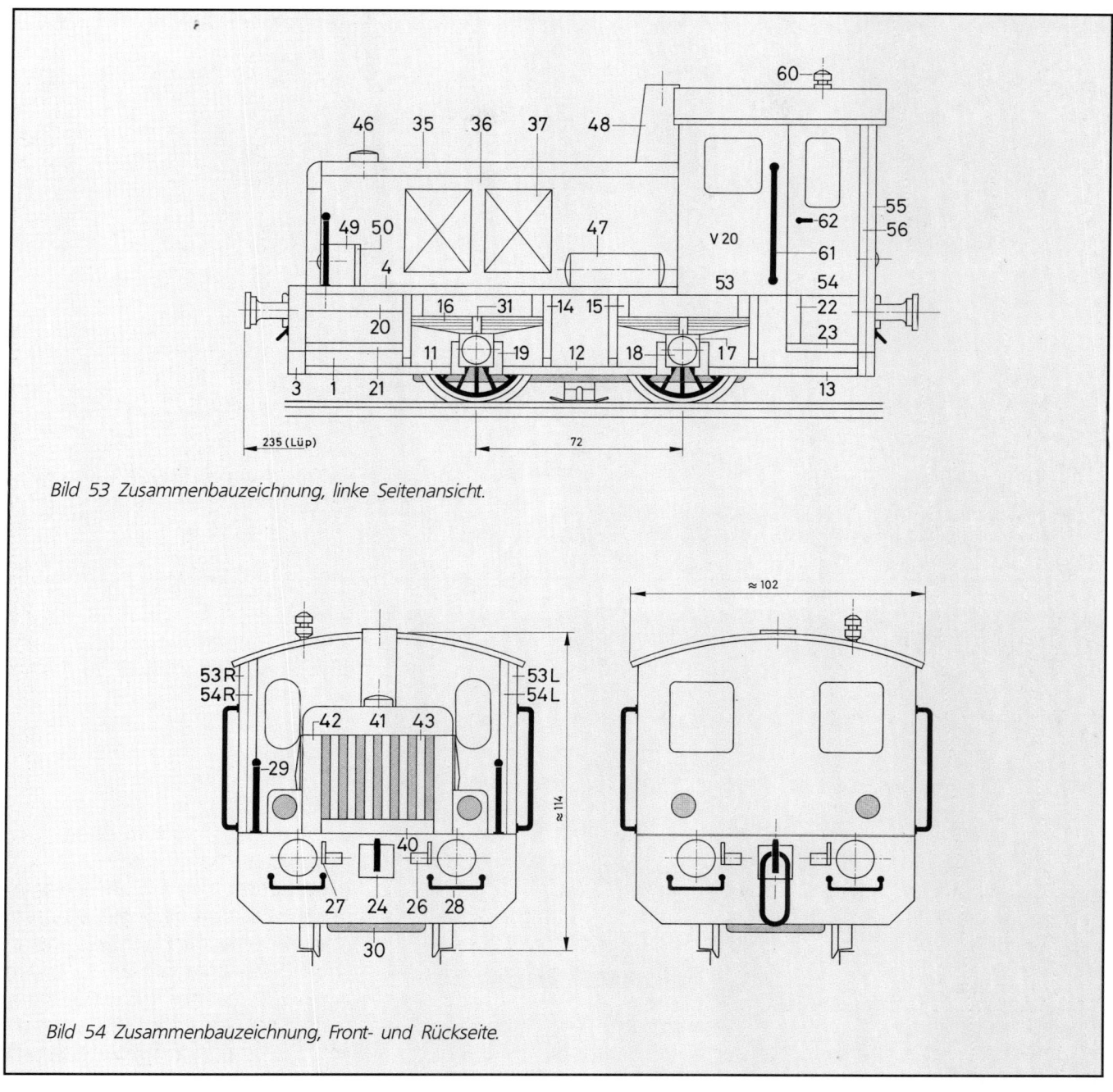

Bild 53 Zusammenbauzeichnung, linke Seitenansicht.

Bild 54 Zusammenbauzeichnung, Front- und Rückseite.

Erfahrung kann ich sagen, daß es nicht so sehr eine Frage der Geschicklichkeit ist, ob die Teile gelingen; ausschlaggebend ist vielmehr das richtige Werkzeug und vor allem eine überlegte Vorgehensweise. Auf Bild 56 ist eigentlich schon alles zu sehen: Die rechteckig zuge-

schnittene Platte wird auf die Stirnseite eines Weichholzstabs geklebt (gewöhnlicher Uhu reicht) und im richtigen Winkel gegen die Schleifscheibe geführt. Der Querschnitt des Hilfsstabs sollte exakt den Konturen von Teil 37 angepaßt sein. Nachfolgend der genaue Arbeitsplan:

● Anschlag um ca. 7,5 Grad aus dem rechten Winkel verstellen, bei fehlender oder ungenauer Skala die Gradteilung messen und mit einem langen, kräftigen Bleistiftstrich auf dem Schleiftisch markieren.

● Werkstück mit der breiten Seite auf den Tisch legen und die schma-

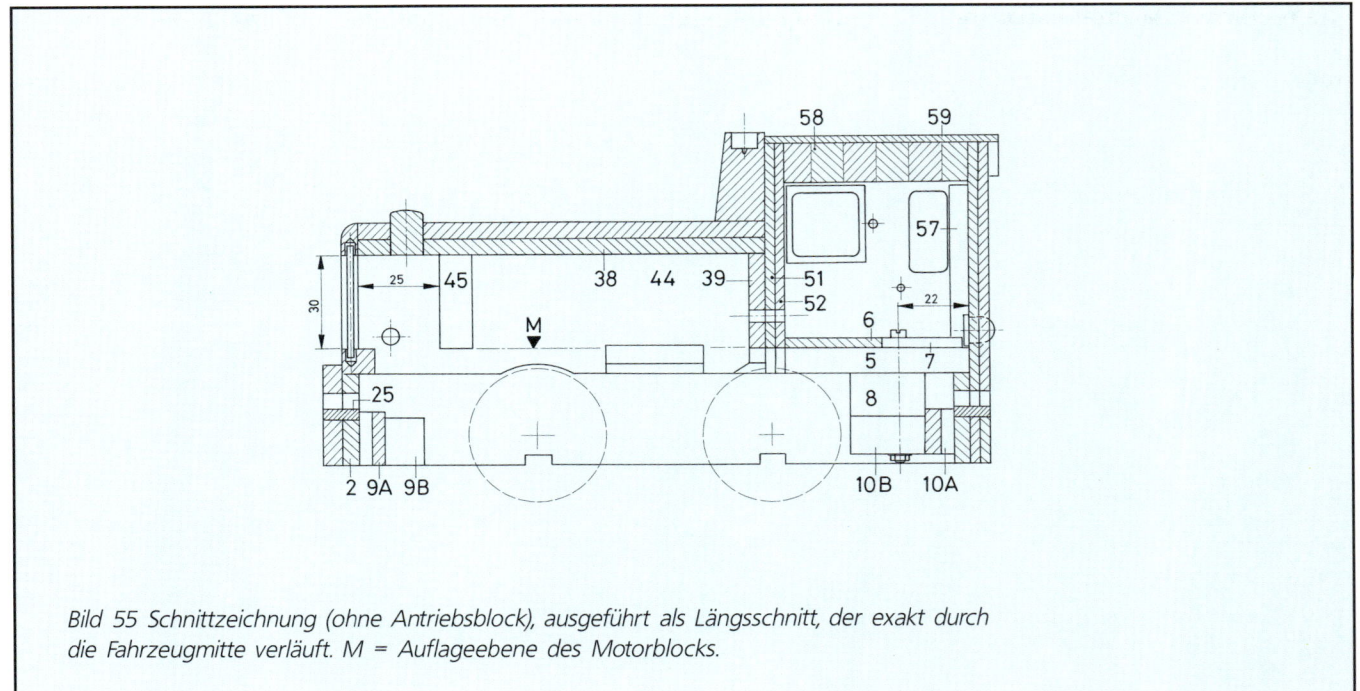

Bild 55 Schnittzeichnung (ohne Antriebsblock), ausgeführt als Längsschnitt, der exakt durch die Fahrzeugmitte verläuft. M = Auflageebene des Motorblocks.

Bild 56 Tellerschleifer mit angelegtem Werkstück. Auf beide Stirnseiten des abgebildeten Hilfsstabs ist je ein Teil 37 geklebt.

le Kante (23 mm) bis zur Mitte anschrägen (mit Maßstab kontrollieren oder Mittellinie aufzeichnen).

● Das Werkstück um 180 Grad drehen und die zweite Schmalseite anschrägen, bis sich die Dreiecksspitzen in der Mitte treffen. Wenn Sie geringfügig "über's Ziel hinausgeschossen" sind, die erste Seite nochmals nachziehen.

● Erst wenn alle Teile soweit bearbeitet wurden, den Winkel auf etwa 10 Grad verstellen und die beiden längeren Seiten anschleifen.

● Wenn das Kantenkreuz stimmt, die fertige Scheibe vom Stab absägen (Gehrungssäge oder Schneidlehre verwenden).

Um sich an die richtigen Einstellungen heranzutasten, wird man allerdings um ein "Erfahrungsteil" nicht herumkommen. Wem das etwas zu umständlich ist, der kann die Türen natürlich auch glatt belassen (zwar schade, aber noch lange kein Malheur!).

Die restlichen Montageschritte

● Deckplatte 35 ganzflächig aufleimen und die beiden Innenwände 44 einsetzen (unterer, eingeschnittener Rand ragt 3 mm hervor).

Tip: In der Praxis bereitet es immer wieder Kummer, wenn sich zuvor genauestens ausgerichtete Teile beim Zusammenpressen verschieben. Dem kann wirksam begegnet werden, indem man von innen heraus zwei dünne Drahtstifte einschlägt, die mit ihrer Spitze etwa 2 mm ins Außenteil dringen. Nach dem Leimvorgang den Überstand einfach abzwicken und versenken. Auf Bild 59 sind die Nagelstellen an beiden Enden von Teil 38 schwach erkennbar.

● Aus den Teilen 40 bis 43 den Kühlergriff zusammenbauen und kantengenau an die Stirnseite des Vorbaus leimen. Die Fußleiste muß zwischen den Seitenleisten unten um 3 mm vorstehen (Maß 30 auf Bild 55 beachten!). Bohrungen für Tankverschluß (Ø10) und Lampenanschlüsse (Ø5) anbringen und Kanten des Vorbaus gemäß Zeichnung gleichmäßig abrunden. Teile 45 und 46 einleimen. Die Auflagepfosten für den Motorblock sitzen direkt auf den beiden Innenwänden und stoßen oben an Teil 38 an (Maß 25 auf Bild 55 berücksichtigen). Der nunmehr erreichte Zustand ist zum Vergleich auf den Bildern 59 und 60 festgehalten. Zur Probe können Sie schon mal den Motorblock untersetzen; der Vorbau muß waagrecht aufliegen, die Radspurkränze dürfen nirgends streifen.

Baugruppe M Fahrwerk

Die Stirnseiten liegen wiederum zwischen den Rahmenwangen; das Kennzeichen "V" bei Teil 1 bedeutet "Vorderseite". Versuchen Sie, den Rahmen so genau wie möglich zu bauen, weil sich Abweichungen, wegen der engen maßlichen Beziehung nachfolgender Teile, sonst bis zum Ende fortsetzen können! Die vordere Pufferbohle (zusammen mit Teil 2 gebohrt und geschlitzt) wird, wie gezeichnet, vor die Stirnseite

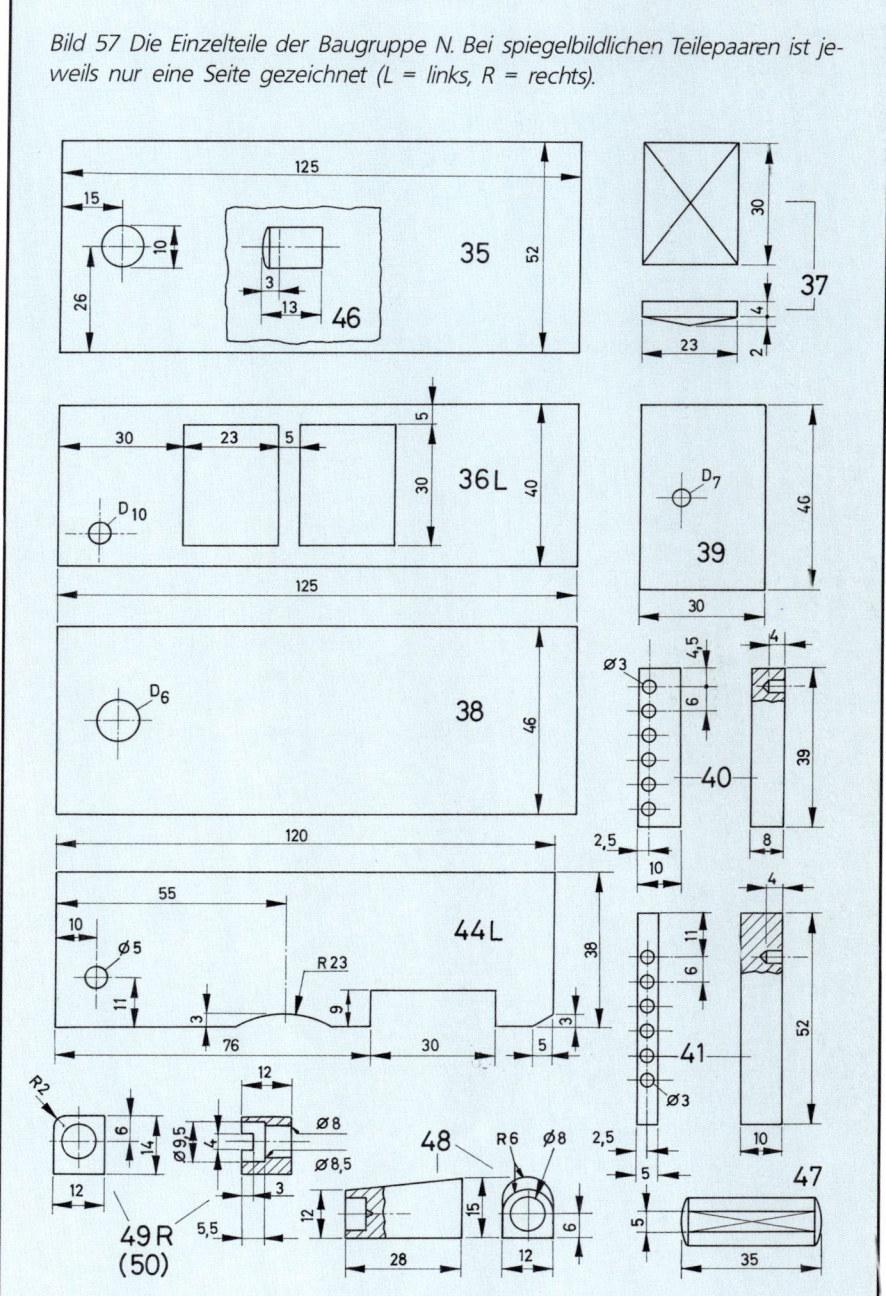

Bild 57 Die Einzelteile der Baugruppe N. Bei spiegelbildlichen Teilepaaren ist jeweils nur eine Seite gezeichnet (L = links, R = rechts).

Teileliste für die Diesellok

Die Bezeichnung (o.Z.) am jeweiligen Zeilenende bedeutet, daß für das betreffende, einfache Teil keine eigene Zeichnung existiert. Die Maße sind in diesen Fällen vollständig aus der Tabelle zu ersehen (in der Reihenfolge: Länge x Breite x Dicke).

Baugruppe M Fahrwerk

Teile-Nr.	Stück-zahl	Bezeichnung	Material- und Maßhinweise
1	2	Rahmenwange	5 mm Massivholz bzw. Leiste 5 x 30
2	2	Stirnseite	5 mm Massivholz bzw. Leiste 5 x 30
3	1	Pufferbohle	6 mm Massivholz
4	2	Umlauf	3 mm Sperrholz
5	2	Bodenträger	8 mm Massivholz
6	1	Führerstandboden	Sperrholz 84 x 30 x 3 (o.Z.)
7	2	Anschlagplatte	3 mm Sperrholz
8	2	Abstandsholz	Massivholz
9	1	Haltebrücke vorne (1 x 9 A und 2 x 9 B)	Massivholz
10	1	Haltebrücke hinten (1 x 10 A und 2 x 10 B)	Massivholz
11	2	Rahmenkante vorne	Massivholz 51 x 3 x 3 (o.Z.)
12	2	Rahmenkante Mitte	Massivholz 54 x 3 x 3 (o.Z.)
13	2	Rahmenkante hinten	Massivholz 52 x 3 x 3 (o.Z.)
14	8	Rahmenprofil	3 mm Massivholz
15	8	Federstütze	Massivholz 8 x 4 x 4 (o.Z.)
16	4	Federpaket	6 mm Sperrholz (Teiledicke 3 mm)
17	4	Lagerplatte	Massivholz 12 x 12 x 4 (o.Z.)
18	4	Lagerdeckel	10 mm Rundholz
19	8	Gleitbahn	2 mm Massivholz bzw. Leiste 2 x 5
20	2	Einsatz	Massivholz 34 x 11,5 x 6 (o.Z.)
21	2	Trittstufe vorne	3 mm Massivholz
22	2	Trittstufenhalter	Massivholz 17,5 x 5 x 5 (o.Z.)
23	2	Trittstufe hinten	3 mm Massivholz
24	2	Kupplungsflansch	2 bis 3 mm Massivholz
25	2	Sicherungsleiste	Massivholz 11 x 3,5 x 2 (o.Z.)
26	4	Ventilgehäuse	4 mm Rundholz
27	4	Absperrhahn	1,5 mm Massivholz bzw. Leiste
28	4	Rangiergriff	1 bis 1,2 mm Draht
29	2	Haltestange	Rundmessing oder Rundstahl
30	1	Antriebsblock	Playmobil Nr. 7550
31	4	Federband	Massivholz 6 x 3 x 1 (o.Z.)
–	2	Zylinderschraube	M 3 x 40, mit Mutter und Scheibe
4	2	Zughaken	aus Baugruppe A
5	1	Kupplungsbügel	aus Baugruppe A
26	4	Puffer	aus Baugruppe C
27	4	Pufferteller	aus Baugruppe C

Fortsetzung Seite 54

geleimt. Der Durchmesser D1 hängt sowohl vom vorhandenen Material für Teil 28 ab, als auch davon, ob zusätzliche Rohrnieten verwendet werden sollen. Die beiden äußeren Griffbohrungen in Teil 3 sollten nur etwa 5 mm tief werden, weil sie andernfalls später an der Rückseite sichtbar sind.

Teil 4 Umlauf

Durchmesser D2 hängt von Teil 29 ab.

Teil 5 Bodenträger
Teil 8 Abstandsholz

D3 und D4 werden im Verlauf des Zusammenbaus in einem Durchgang gebohrt.

Teile 9 und 10 Haltebrücken

Wie aus der Stückliste ersichtlich, werden die Teile aus drei Elementen zusammengesetzt; einteilig ließen sie sich nur mit der Fräsmaschine herstellen. An die Leimstellen müssen allerdings hohe Anforderungen gestellt werden. Das bedeutet: absolut gerade Schnittkanten und ausreichender Anpreßdruck. Für den Durchmesser D5 gilt dasselbe wie für D3 und D4 (Teile 5 und 8).

Teil 16 Federpaket

Die Schnittrichtung soll so verlaufen, daß die Sperrholzschichtung sichtbar ist (Blattfederimitation).

Teil 29 Haltestange

Mit wenig Aufwand läßt sich z.B. eine passende Stricknadel mit angeformtem Kopf zurechtrichten. Eine Alternative dazu wäre: kleines Rohrstückchen auf Rundmaterial löten oder kleben, und anschließend kugelförmig feilen. Die Herstellung der übrigen Teile bewegt sich im Rahmen dessen, was bereits an früherer Stelle beschrieben wurde.

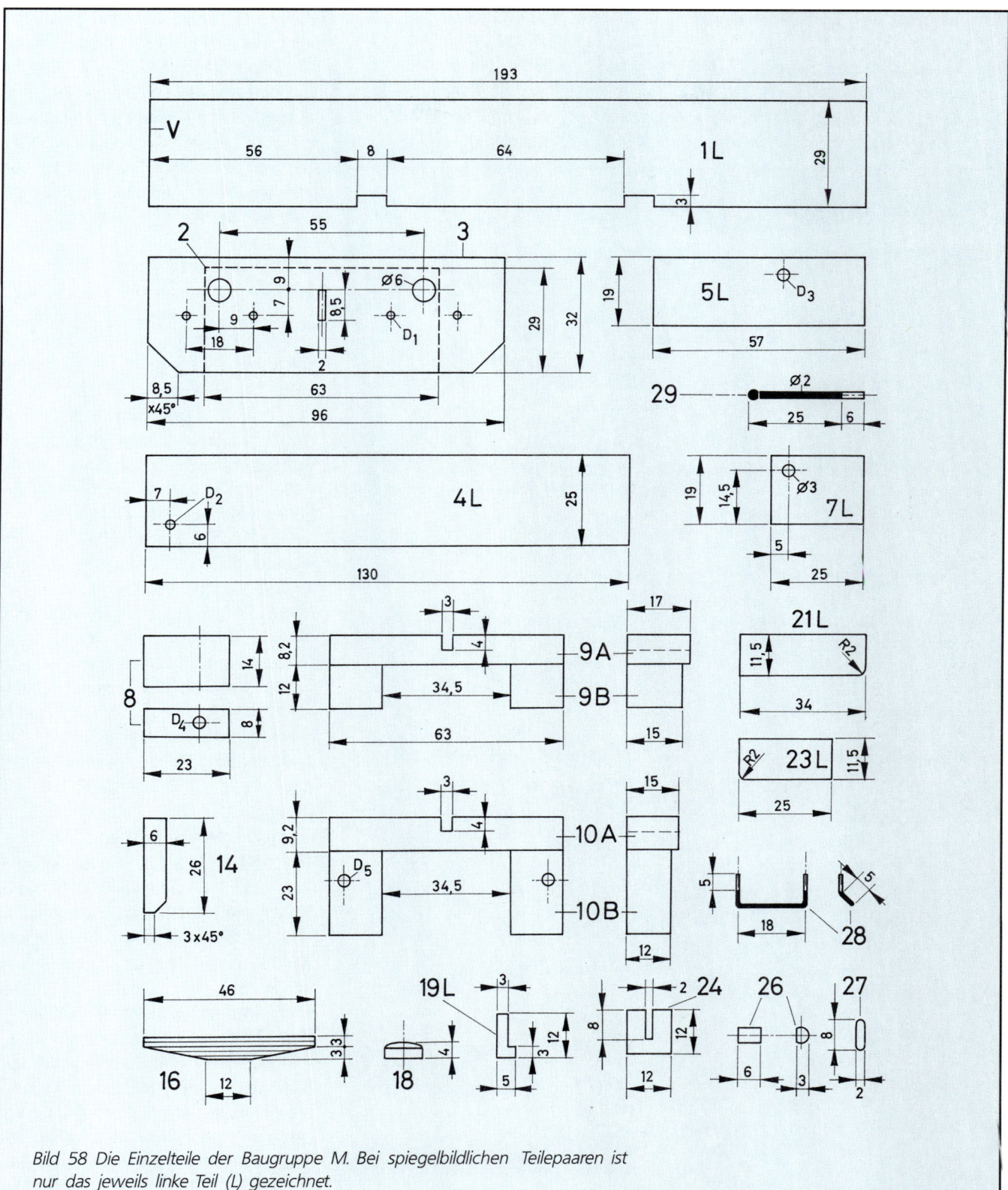

Bild 58 Die Einzelteile der Baugruppe M. Bei spiegelbildlichen Teilepaaren ist nur das jeweils linke Teil (L) gezeichnet.

Hinweise für den Zusammenbau

Teile 4 so aufsetzen, daß sich der Vorbau zügig dazwischenschieben läßt (also kein Wackel- oder Klemmsitz!). Die Hinterkanten müssen genau mit der Rückseite des Vorbaus fluchten. Die Teile 5 und 6 kommen so zu liegen, daß die dem Vorbau zugewandten Kanten vom Umlauf genau um die Dicke der Führerstand-Stirnwand (ca. 6 mm) entfernt sind. Es empfiehlt sich daher, als Lehre verbindliche Sperrholzteile oder gleich die fertige Stirnwand dazwischenzuhalten. Linke und rechte Außenkanten der Teile 5 und 6 liegen genau aufeinander, sie bilden die Anleimfläche für die Seitenwände. Im Zweifelsfall hilft bestimmt eine Stellprobe anhand der Bilder 61 und 62 weiter. Um die Abstandshölzer 8 richtig positionieren zu können, braucht man nur darauf zu achten, daß sie an den Rahmenwangen bzw. den Bodenträgern anliegen und genau über den Teilen 10 B sitzen (Stellung nach Anprobe anzeichnen). Nach dem Einbau der Teile 20 sollten die Bohrungen im Umlauf nochmals auf die nötige Tiefe nachgearbeitet werden. Bevor die restlichen Kleinteile nach Zeichnung angeleimt werden, kommt noch der bereits fertiggestellte Vorbau an seinen Platz. Durch probeweises Einschieben des Motorblocks stellen wir fest, ob die Auflagestellen an den Teilen 9 und 45 stimmen (jetzt kann man noch nacharbeiten, falls etwas klemmt oder wackelt!). Auch das Teil 10 sollte bei dieser Gelegenheit gleich endgültig angepaßt werden (nicht einleimen!). Wenn alles in Ordnung ist, die Berührungsflächen zwischen den Teilen 3/40 und 4/44 gut verleimen. Zum Ansetzen leichter Zwingen kann man sich, wie auf Bild 64 gezeigt, zwei provisorische Nuthölzer basteln.

Durchgangsbohrungen D3, D4 und D5

Gemäß der Schnittzeichnung (Bild 55) werden die Teile 5, 7 und 10 in dieser Reihenfolge von oben nach unten richtig plaziert und unverrückbar zusammengeklemmt. Die Bohrung 3 in Teil 7 übernimmt dabei die Führungsrolle; der Enddurch-

Fortsetzung von Seite 52

Baugruppe N Vorbau

Teile-Nr.	Stückzahl	Bezeichnung	Material- und Maßhinweise
35	1	Deckplatte	5 mm Massivholz
36	2	Seitenwand	5 mm Massivholz
37	4	Sickentüre	ca. 6 mm Massivholz
38	1	Einlage	5 mm Sperrholz
39	1	Rückwand	5 mm Sperrholz
40	1	Fußleiste	8 oder 10 mm Massivholz
41	1	Kopfleiste	5 mm Massivholz oder Leiste 5 x 10
42	2	Seitenleiste	Massivholz 35 x 6,5 x 5 (o.Z.)
43	6	Gitterstäbe	3 mm Rundholz, 36 mm lang (o.Z.)
44	2	Innenwand	3 mm Sperrholz
45	2	Auflagepfosten	Massivholz 10 x 10 x 30 (o.Z.)
46	1	Tankverschluß	10 mm Rundholz
47	1	Luftbehälter	12 mm Rundholz
48	1	Auspuff	12 mm Massivholz
49 L	1	Lampengehäuse links	12 mm Massivholz
49 R	1	Lampengehäuse rechts	12 mm Massivholz
50	2	Lampenrückwand	2 mm Massivholz

Baugruppe O Führerstand

Teile-Nr.	Stückzahl	Bezeichnung	Material- und Maßhinweise
51	1	Stirnwand Außenteil	3 mm Sperrholz
52	1	Stirnwand Innenteil	3 mm Sperrholz
53 L	1	Seitenwand Außenteil links	3 mm Sperrholz
53 R	1	Seitenwand Außenteil rechts	3 mm Sperrholz
54 L	1	Seitenwand Innenteil links	3 mm Sperrholz
54 R	1	Seitenwand Innenteil rechts	3 mm Sperrholz
55	1	Rückwand Außenteil	3 mm Sperrholz
56	1	Rückwand Innenteil	3 mm Sperrholz
57	2	Eckleisten	Massivholz 48 x 6 x 3 (o.Z.)
58	1	Dachkern	Massivholz, geschichtet
59	1	Dachdecke	3 Lagen Furnierholz
60	1	Pfeife	6 mm Rundholz
61	2	Aufstiegsgriff	1,5 bis 2 mm Draht
62	2	Türgriff	1 bis 1,2 mm Draht
–	6	Fensterscheibe	0,5 bis 1 mm Kunststoff, klar (z.B. Hemdkrageneinlage)
–	22	Fenstereinfaßleiste	Leiste 1 x 2 oder Furnierstreifen

Bild 59 Der fertige Vorbau in schräger Unteransicht.

Bild 60 Stellprobe mit der Baugruppe N und dem Motorblock.

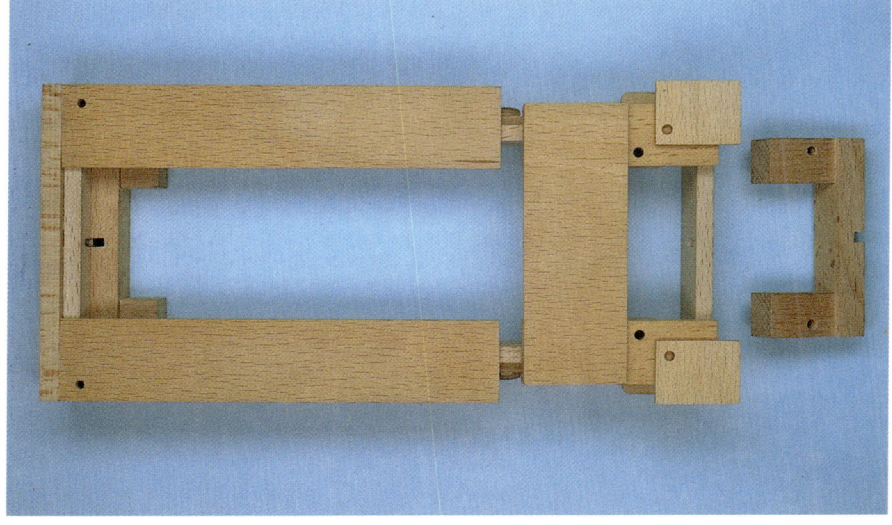

Bild 61 Vormontierte Baugruppe M in Draufsicht. Auch die losen Teile 7 und 10 (versetzt darauf- bzw. dahinterliegend) enthalten bereits die gemeinsamen Bohrungen.

messer sollte bei etwa 3,2 mm liegen. Die korrekte Lage der Teile 7 läßt sich anhand von Bild 76 leicht bestimmen.

Teil 49 und 50 Stirnlampen

Auch wieder so ein Teil zum Fürchten? ... nicht für den, der sich an die folgenden Empfehlungen hält! In ein 12 mm dickes Brettchen oder eine gleich dicke und etwa 20 mm breite Leiste zuerst in genügendem Abstand zwei 8-mm-Löcher bohren (für beide Laternenkörper). Damit die Schnittkanten nicht ausreißen, dürfen nur Maschinenholzbohrer mit Zentrierspitze und Seitenschneiden verwendet werden. Für die nun folgenden Gegensenkungen an der Rückseite eignen sich dagegen normale 9,5-mm-Sprialbohrer. Langsame, gefühlvolle Arbeitsweise und ein solider Maschinenschraubstock sind allerdings schon vonnöten! Von den Bohrungsrändern ausgehend, kann man nun die rechteckigen Umrißlinien sehr genau aufzeichnen und die kleinen Klötzchen behutsam mit der Gehrungssäge herausschneiden. Zum Anfeilen der Kantenradien (2 mm) dürfen die Teile vorsichtig eingespannt werden, wogegen die Schlitze für die LED-Fahnen freihändig ausgespart werden müssen (Querkräfte verträgt der Hohlkörper in diesem Zustand nur schlecht). Während dieser Arbeitsgänge sollte man im übrigen nicht vergessen, daß am Ende zwei spiegelbildliche Teile gebraucht werden! Da die meisten LED-Körper leicht konisch sind, muß auch die 8-mm-Bohrung von innen heraus etwas nachgefeilt werden (Maß 8,5 in Bild 57). Die Lampenrückwand (Teil 50) soll in der Form genau dem Querschnitt des Lampengehäuses entsprechen; man paßt sie deshalb am besten individuell an.

Bild 62 Unteransicht des Fahrwerks. Das Teil 10 ist in Einbaurichtung darübergelegt.

Bild 63 Der Blick von oben auf das offene Fahrwerk läßt erkennen, wie die Haltenasen des Motorblocks auf Teil 9 aufliegen.

Mit wenigen zusätzlichen Handgriffen lassen sich die beiden Lampen nun einbaufertig zusammensetzen (siehe auch Bild 65):

● Stirnseiten der Teile 49 mit Grundierung behandeln und feinschleifen (bei eingesetzten Leuchtdioden geht das nur mehr sehr umständlich).

● Anschlüsse der gelben LEDs so abwinkeln, daß sie sich nirgends berühren können, und mit genügend Spiel in die seitlichen Schlitze der Laternenkörper passen. Damit die Orientierung (langer/kurzer Anschluß) nicht verloren geht, am besten gleich die Lage notieren.

● Rückwände aufleimen und ggf. überstehende Kanten bündig feilen. Übermäßige Erschütterungen mit Rücksicht auf die LEDs vermeiden!

Baugruppe O
Führerstand

Um das Ausfräsen oder Ausstemmen der innenliegenden Fensterfalze zu umgehen, wurden alle vier Wandteile zweilagig konzipiert. Wenn man von den unterschiedlichen Fensterausschnitten einmal ab-

sieht, gelten die Zeichnungsangaben auf Bild 66 also sowohl für die Innen- als auch für die Außenteile. Sehen wir uns zur Einstimmung die Sache erst einmal auf dem Papier genau an.

Teilepaar 51/52 Stirnwand
Außenkonturen und die Durchgangsbohrung Ø4 sind bei der Innen- und Außenwand identisch. Die ovalen Fensterausschnitte liegen im Außenteil 51, wogegen die gestrichelt gezeichneten, zur Mitte verschobenen Durchbrüche zur Innenwand 52 gehören (siehe Bezugsstriche in der Zeichnung).

Bild 64 *Verbindung der Baugruppen M und N. Das beigelegte Druckholz ist aus drei zusammengeleimten Leistenresten entstanden; so spart man sich das Nuten (siehe das frei aufgestellte Muster).*

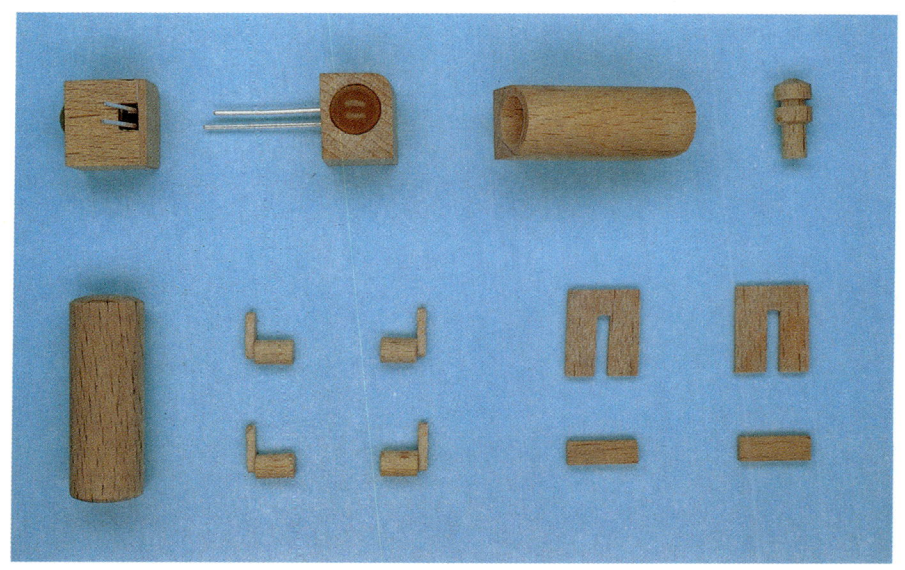

Bild 65 *Eine Auswahl von Anbauteilen aus den Baugruppen M, N und O. Die beiden Stirnlampen sind bereits einbaufertig zusammengesetzt.*

Teilepaar 53/54 Seitenwände

Hier muß streng zwischen linken Teilen (wie gezeichnet) und rechten Teilen (spiegelbildlich) unterschieden werden. Während die Innenwand über die gesamte Seitenteillänge reicht, überdeckt die Außenwand nur 38 mm; der Türbereich ist also einlagig (nicht "verglast") und deshalb um die Dicke von Teil 53 zurückversetzt.

Teilepaar 55/56 Rückwand

Der wesentliche Unterschied besteht bei diesen Teilen wiederum in den unterschiedlich großen Fensterausschnitten, die hier symmetrisch hintereinander liegen. Die Fuge zur optischen Trennung zwischen Pufferbohle und Rückwand, auf der Höhe von 32 mm, gehört natürlich nur in das Außenteil.

Das Dach wurde zu einer eigenen, kleinen Baugruppe zusammengefaßt; wir kommen am Ende dieses Bauabschnittes darauf zurück.

Das Bauprinzip der Wandteile

Pro Teilepaar sägt man zuerst zwei rechteckige, gleichgroße Sperrholzteile aus, die umlaufend mindestens 10 mm größer als das spätere Wandteil sind. Nachdem die Außenwand auf einen der Zuschnitte genau aufgezeichnet wurde, kann man darangehen, die Fensteröffnungen auszusägen. Am besten geht das immer noch mit der guten, alten Laubsäge; Vorbohren der Eckenrundungen bringt keinen Vorteil. Zum Nacharbeiten der geraden Kanten und kleinen Eckradien eignen sich feine Feilen; für die Rundungen der Stirnwandfenster kann man sich einen passenden Schleifstab (Rundholz mit Glaspapier umwickeln) selbst zurechtbasteln. Erst wenn die Fensterausschnitte glatt und gleichmäßig sind, wird das Außenteil auf dem zweiten Zuschnitt fixiert (unbedingt auf gleichen Faserverlauf achten!). Zwei dünne Nägel, außerhalb der Teilekontur an gegenüberliegenden Stellen eingeschlagen, genügen für diesen Zweck. Die Spitze braucht nur 1 bis 2 mm ins Unterteil (Innenteil) ragen, der überstehende Schaft wird abgezwickt. Nun können die Fensterkonturen auf das Unterteil übertragen werden. Das Oberteil anschließend wieder abziehen und, gemäß Zeichnung, um die sichtbaren Linien herum die vergrößerten Ausschnitte für das Innenteil vorzeichnen. Wenn die Öffnungen sauber glatt und maßhaltig sind (von der Rückseite her Falzbreite kontrollieren), kann das Teilepaar mit Hilfe der Paßstifte lagegenau zusammengeleimt werden. Dazu braucht man zwei kräftige, ebene Holzbretter und entsprechende Zwingen. Auf einen positiven Nebeneffekt dieser

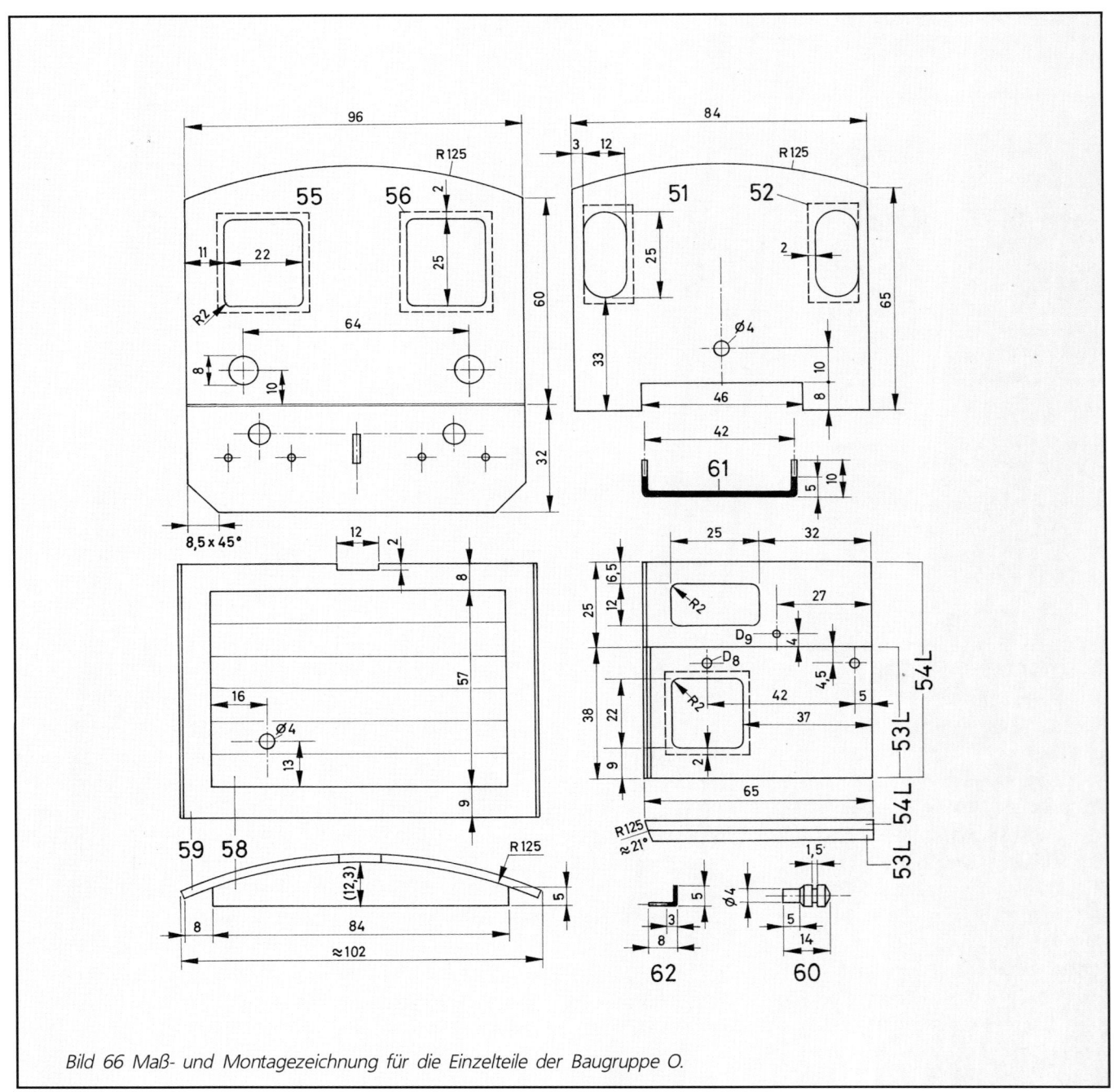

Bild 66 Maß- und Montagezeichnung für die Einzelteile der Baugruppe O.

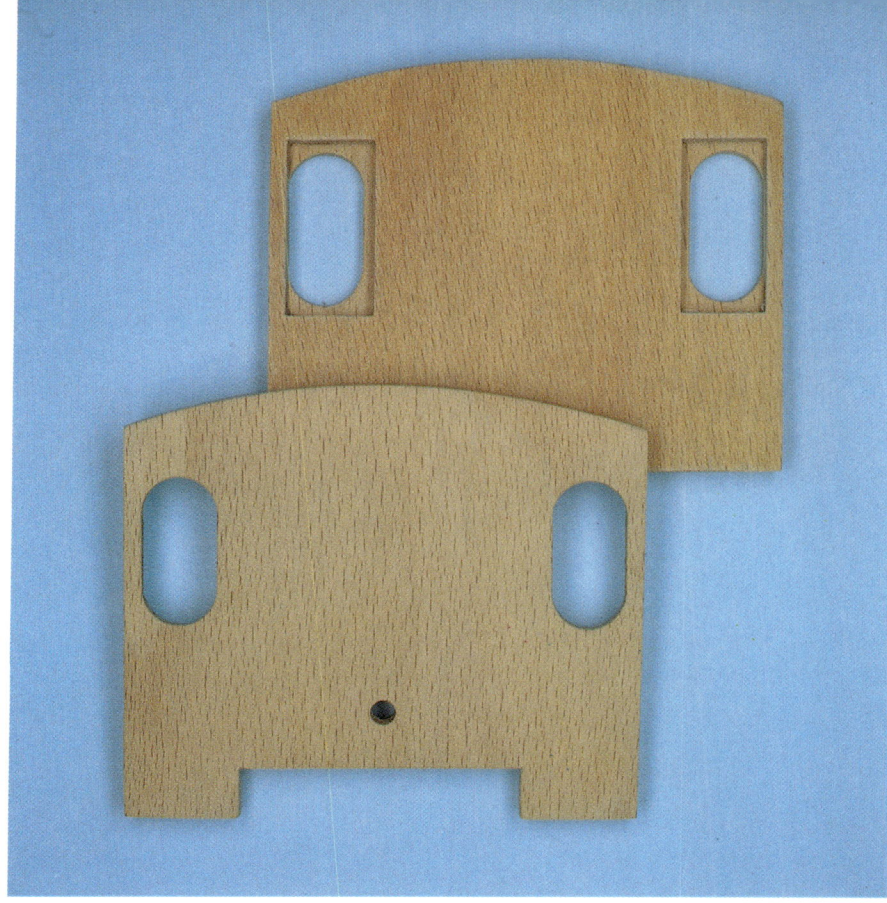

Bild 67 Die komplette Stirnwand – vorne von außen, dahinter von innen gesehen.

Schichtbauweise sei noch hingewiesen: Auch leicht verzogenes Sperrholz läßt sich problemlos verarbeiten, wenn die Wölbungen der beiden zusammengehörenden Teile entgegengesetzt zu liegen kommen. Nach dem Lösen des Leimverbandes sollten möglichst bald die Falze mit Hilfe eines Messers oder eines Stecheisens von übergequollenem Leim befreit werden. Nun zu den teilespezifischen Arbeitsgängen:

Teilepaar 51/52 Stirnwand

Für die Paßgenauigkeit und auch die Stabilität des Aufbaus ist es sehr wichtig, daß das Maß 84 genau auf die damit korrespondierende Chassisbreite abgestimmt ist. Messen wir also über das Teil 6, geben 0,1 mm zu und versuchen, den resultierenden Betrag so genau wie mög-

Links Bild 68 Die Außenseite der Rückwand, darunter die Dachgruppe mit dem geschichteten Kern.

Oben Bild 69 Linke und rechte Seitenwand. Oben die Außenansicht, darunter die Innenansicht.

lich einzuhalten. Selbstverständlich, daß die Seitenkanten auch winkelrecht und parallel verlaufen müssen. Den Dachbogen sollte man zunächst etwa 1 mm außerhalb der Rißlinie zusägen, damit noch genügend Spielraum für die Nacharbeit bleibt.

Teilepaar 55/56 Rückwand

Auch hier gilt für den Dachbogen das eben Gesagte. Die Trennungsnut (Höhe 32) wird so ausgeführt, wie bereits bei diversen Wagen beschrieben. Die Höhe der Lampenbohrungen muß genau stimmen, sonst wird die innenseitige Befestigung zum Problem. Nicht bemaßte Bohrungen und der Kupplungsschlitz entsprechen genau Teil 3 in Baugruppe M. In bewährter Manier wird das Teil 55/56 wiederum mit der rückwärtigen Seite des Fahrwerks zusammengespannt und gemeinsam bearbeitet. Auch hier gilt: die beiden äußeren Bohrungen für Teil 28 nicht ganz durchstoßen. Nun kann man die beiden Teilepaare 51/52 und 55/56 aufeinanderlegen und die Dachwölbungen an der Schleifvorrichtung gleichzeitig in Form bringen. Gut 0,5 mm sollen aber immer noch an Materialreserve bleiben, weil bei der Dachanpassung doch noch einiges verloren geht.

Teilepaare 53 L/54 L 53 R/54 R Linke und rechte Seitenwand

Die der Tür zugewandte Seitenkante von Teil 53 muß nach Fertigstellung des Fensterausschnitts bereits maßhaltig nachgearbeitet sein; spätere Korrekturen sind an dieser Stelle nicht mehr möglich. Während das Teil 53 auf Teil 54 fixiert ist, wird nicht nur der bereits vollendete Ausschnitt übertragen, sondern auch das Türfenster auf Teil 54 ge-

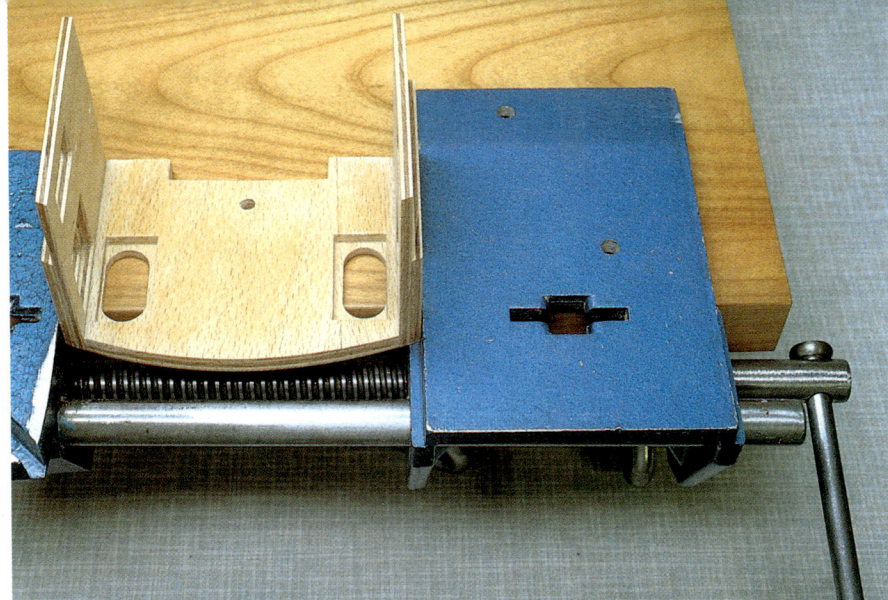

Bild 70 Parallelspannvorrichtung mit eingelegten Wandteilen.

zeichnet. Alles weitere wie gehabt! Die Bohrungen D8 und D9 sind wieder materialabhängig. Die Oberkanten der Seitenwände können lt. Zeichnung bereits vorab geschrägt werden, für die endgültige Dachanpassung muß wieder etwas Reserve stehen bleiben.

Wandmontage

Damit die Stirnflächen später sauber plangeschliffen werden können, sollen die beiden Seitenwände mit etwas Überstand angeleimt werden. Am einfachsten geht das, wenn vor dem Einspannen (Bild 70) unter das Teil 51/52 ein Stück Zeichenkarton gelegt wird. Die fertige Einheit muß sich anschließend zügig auf das Fahrwerk schieben lassen. Jetzt ist es an der Zeit, die 4-mm-Bohrung in der Stirnwand auf das Teil 39 zu übertragen (dort D7). Wenn alles paßt und winkelrecht sitzt – wozu diese Beschreibung hoffentlich ihren Beitrag leistet – kann der dreiseitige Aufbau bereits endgültig an das Fahrwerk bzw.

Bild 71 Stirnwand und Seitenwände, fertig verleimt und bündig geschliffen.

den Vorbau geleimt werden. Als Spannhilfe zwischen Vorbau und Führerstand läßt sich in die vorhandene Durchführungsbohrung vorübergehend eine 4-mm-Schraube mit Mutter und Beilagscheiben eindrehen; im unteren Türbereich werden die Seitenwände durch kleine Schraubzwingen mit dem Fahrwerk zusammengepreßt. Zwischendurch müssen wir uns jetzt an die Fensterscheiben heranmachen. Sie lassen sich ins vierseitig geschlossene Gehäuse nur mehr schwer "hineinfingern", zum andern soll an den fertig verglasten Fenstern nicht mehr mit Holzgrundierung hantiert werden. Das zwingt uns zu folgender Vorgehensweise:

● Alle bereits fest verbundenen

Bild 72 Die Rückseite der Baugruppen M und O, vor dem Aufleimen der Rückwand.

Bild 73 Die Metallteile zu den Baugruppen M und O, in lackiertem Zustand.

zeln anzupassenden Einfaßleisten in den Falz kleben (bei den Stirnfenstern nur an drei Seiten möglich). Bevor nun das Teil 55/56 aufgeleimt wird, muß sichergestellt sein, daß alle rückseitigen Kanten der daran anschließenden Baugruppen präzise in einer Ebene liegen. Durch gemeinsames Planschleifen auf einer ebenen Unterlage läßt sich hier noch nachhelfen. Die Montage selbst ist relativ harmlos: Die eingesteckten Puffer halten die Wand in ihrer Position, zusätzlich angesetzte Zwingen sorgen für gefühlvoll dosierten Anpreßdruck. Die Eckleisten 57 werden anschließend so eingeleimt, daß sie lose auf den Teilen 7 aufstehen. Allgemeine Hinweise zum Umgang mit Eckenverstärkungen sind bei der Baugruppe E des gedeckten Güterwagens nachzulesen. Metallbeschläge, wie z.B. die Griffstangen, werden wieder ganz zum Schluß, also nach den Lackierarbeiten, eingeklebt. Zur Kupplungsmontage: rückwärtige Sicherungsleiste von innen, vordere von außen einschieben (letztere ggf. etwas anschrägen).

Teile 58, 59 und 60
Dachbaugruppe

Anders als beim G-Wagen besteht die Dachunterkonstruktion hier aus einem Massivkern. Versuche, das Teil 58 aus einem Stück Holz zu hobeln, waren nicht sehr erfolgreich – besser funktioniert die folgende Methode: Mittels einer Pappschablone wird der Querschnitt des Dachkerns (Bild 66) ca. sechsmal auf ein Brett übertragen und möglichst sauber ausgesägt. Anschließend alle Teile am Tellerschleifer genau nach Anriß in Form bringen und im Maschinenschraubstock zu einem Paket zusammenleimen. Das so entstandene Rohteil ist nun

Bauteile der Baugruppen M, N und O sowie die Rückwand grundieren und nachschleifen (dabei die späteren Leimstellen für die Rückwand abdecken).

● Fensterscheiben mit Hilfe der ein-

meist schon ziemlich genau und muß nur etwas geglättet und in den Führerstand eingepaßt werden. Die Dachdecke entsteht auf gleiche Weise, wie bereits beim G-Wagen eingeübt. Der Einschnitt für den Auspuff läßt sich problemlos von dem bereits fertigen Teil 48 übertragen und ausfeilen. Fehlt noch die Pfeife (Teil 60). Wer keine Möglichkeit zum Drehen bzw. Drechseln hat, greift einfach wieder zur Bohrmaschine im Horizontalständer und passenden Schlüsselfeilen.

Anpaßarbeiten

Nun geht es noch darum, die vorgearbeiteten Radien bzw. Abschrägungen an den Teilen 51/52, 53/54 und 55/56 dem Verlauf der Dachrundung genau anzupassen. Dabei muß man in kleinen Schritten vorgehen, und das jeweils erreichte Zwischenstadium immer wieder von allen Seiten kritisch beobachten, be-

vor man weiterschleift. Wenn die Anpassung geschafft ist, können auch der Auspuff und die Stirnlampen an ihre Stelle gerückt und endgültig festgeleimt werden (Leimstellen wegen vorausgegangener Grundierung ggf. etwas anschleifen). Das Dach darf übrigens nicht festgeleimt werden, da es für spätere Wartungsarbeiten abnehmbar bleiben muß. Ein leichter Klemmsitz ist an dieser Stelle angebracht.

Baugruppe P
Beleuchtung

Als Stützpunkt für die diversen Anschlußdrähte und Schaltteile ist eine Lötleiste vorgesehen (Bild 75). Sie wird mit Hilfe zweier Holzschrauben und Muttern (letztere als Distanzstücke) im Vorbau befestigt. Die beiden roten LEDs werden gegen Verschieben durch die Anschlagplat-

te Teil 7 gesichert. Den Verdrehschutz übernimmt die Gehäuseflanschabflachung im Zusammenwirken mit Teil 5. Wie die stromführenden Anschlußfahnen des Motorblocks über die entsprechenden Schaltteile mit den Leuchtdioden verbunden werden, ist in Bild 74 skizziert. Mit Rücksicht auf die allgemeine Verständlichkeit wurden dort anstelle der sonst üblichen, genormten Schaltsymbole teilweise bildliche Darstellungen bevorzugt. Zur handwerklichen Ausführung der Verdrahtung nur soviel: Alle Verbindungen müssen fachgerecht gelötet sein; gegenseitiges Berühren blanker Drähte wird durch aufgeschobenen Isolierschlauch verhindert. Für den Fall, daß der Motorblock später einmal getauscht werden soll, kann dessen Verbindung auch steckbar ausgeführt werden, soweit die entsprechenden Flachverbinder 2,8 x 0,5 im Elektronik-Handel aufzutreiben sind. Die beiden Leitungen zum

---

Baugruppe P Beleuchtung

Stück-zahl	Bezeichnung
2	8 mm LED gelb
2	8 mm LED rot
1	Brückengleichrichter ca. 0,5 A
2	Metallschichtwiderstand 470 Ohm 0,5 Watt
1	Lötleiste 6-polig, Länge max. 80 mm
2	Flachsteckhülse 2,8 x 0,5 zur Verbindung mit dem Motorblock (kann entfallen, wenn Anschlüsse gelötet werden)

Des weiteren: Schaltdraht und Schaltlitze, verschiedenfarbig; Isolierschlauch, Holzschrauben mit Abstandsröllchen (oder ersatzweise Muttern) zur Befestigung der Lötleiste und – soweit verfügbar – diverse Rohrnieten als Flansche für die Griffe 28, 29, 61 und 62

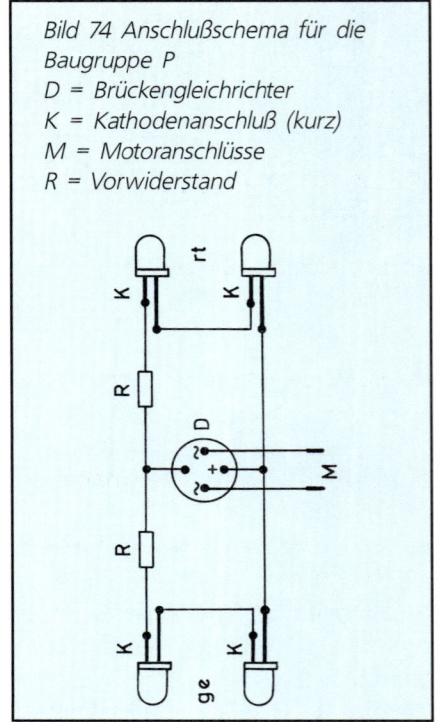

Bild 74 Anschlußschema für die Baugruppe P
D = Brückengleichrichter
K = Kathodenanschluß (kurz)
M = Motoranschlüsse
R = Vorwiderstand

Bild 75 Blick auf die Lötleiste im Vorbau, mit den bereits angeschlossenen Schaltteilen und den Verbindungsleitungen zu den Lampen. Das rote Litzenpaar führt zum Antriebsblock.

Bild 76 Die Stromzuführungen und Verbindungen an den beiden Schlußleuchten.

Motorblock sollten im übrigen aus flexibler Schaltlitze bestehen.

Lackierung und Inbetriebnahme

Für alle, die's gerne farbig mögen: Das leuchtende Rot echter Diesellokomotiven steht auch unserer Holzbahn nicht schlecht zu Gesicht. Das Fahrwerk kann entweder, wie bei den Wagenmodellen, dunkel gehal-ten oder aber in einem lichten Grauton lackiert werden. Sicher haben Sie die einzelnen Baugruppen schon ein paarmal probeweise zusammengesetzt, so daß ich Ihnen und auch mir weitere Hinweise für die Endmontage ersparen kann. Bleibt mir zum Schluß also nur noch, allen Bastelfreunden fürs Mitmachen zu danken und eine "gute Fahrt" zu wünschen.

Die Deutsche Bibliothek -
CIP-Einheitsaufnahme
Grebler, Richard :
Holz-Modellbahn selberbauen : Lok und
Waggons für Baugröße 1 ; Pläne,
Bauanleitungen,
Schritt-für-Schritt-Fotos/Richard Grebler.-
Augsburg: Augustus-Verl., 1995
   ISBN 3-8043-0312-9

Fotografie: Richard Grebler
Lektorat: Elisabeth Namiri, Augsburg
Umschlaggestaltung: Christa Manner,
München
Umschlagfoto: Klaus Lipa, Augsburg
Layout: Reinhardt & Kaiser, Augsburg

AUGUSTUS VERLAG AUGSBURG 1995
© Weltbild Verlag GmbH, Augsburg

Satz: Gesetzt aus Calamus Frutiger
bei Reinhardt & Kaiser, Augsburg
Reproduktion: Repro Ludwig, Zell am See
Druck und Bindung: Appl, Wemding
Gedruckt auf 120g umweltfreundlich ele-
mentar chlorfrei gebleichtes Papier

ISBN 3-8043-0312-9
Printed in Germany